D1752261

Ein Märchen geht um die Welt

Herausgeber:
Deutscher Akademischer Austauschdienst (DAAD)
German Academic Exchange Service
Kennedyallee 50, 53175 Bonn (Germany)
www.daad.de

Projektkoordination: Friederike Schomaker, Irena Varga – Fachliche Lektorenbetreuung

Redaktion: Dieter Gutzen

Gestaltung und Satz: Mirjam Altmeier / LPG, Bonn

Illustrationen: Christian Padberg, Bonn

Druck: Köllen Druck + Verlag GmbH, Bonn

Auflage: 07/2013 – 2.000

ISBN: 978-3-87192-904-5

© DAAD

Nachdruck nicht gestattet.

Diese Publikation wird aus Zuwendungen des Auswärtigen Amtes der Bundesrepublik Deutschland an den DAAD finanziert.

Auswärtiges Amt

Ein Märchen geht um die Welt

NEUES VOM RATTENFÄNGER

DAAD

Inhalt

Vorwort / 8
Prof. Dr. Margret Wintermantel, Präsidentin des DAAD

Geleitwort / 12
Felicitas Hoppe

—

Es war einmal, vor sehr langer Zeit / 16
Felicitas Hoppe

—

Prolog / 20
Mariam Emely José Ramírez Lugo, Venezuela

Die verschwundene Geburtstagsparty / 23
Yimin Fei, VR China

Pieter, der Uhrmacher / 30
António Conduto Oliveira, Portugal

Nachrichten aus Amazonien / 34
Raquel Garcia D'Avila Menezes, Brasilien

INHALT

Die schöne Safikada / *38*
Dragana Blagojević, Bosnien-Herzegowina

Die Zauberlehrlinge und die Elfenkönigin / *41*
Árný Stella Gunnarsdóttir, Island

Die absonderliche Stadt / *48*
Noémie Smith, Großbritannien

Der richtige Weg / *51*
Julija Sawitsch, Belarus

Falsche Freunde / *56*
Koffi Emile Odoubou, Togo

Die sieben Brüder und Kappa, ihr treuer Freund / *58*
Sasha Habjouqa, Jordanien

Die Zaubermurmel / *62*
Thuy Ngan Vu, Vietnam

Die Zauberflöte / *70*
Andreas Wahlberg, Schweden

Die undankbaren Frauen / 77
Akouavi Mathilde Adjahe, Benin

Georg, der gute Schmied / 84
Alexia Busser, Frankreich

Zenji – im Land des Schicksals / 91
Sandra Kabajwisa, Uganda

Liebe – stärker als jeder Zauber / 97
Ekaterina Lazarenkova, Russische Föderation

Wege zum Glück / 104
Olesia Kopotilova, Ukraine

Im Reich des Affenkönigs / 112
Eric Samuel Nodjimgoto, Kamerun

Auf der Wunderinsel / 118
Thitirat Uraisin, Thailand

Agna kehrt heim / 125
Madiyar Tarybai, Kasachstan

INHALT

Der Professor und der verliebte Rattenfänger / 130
Sasha Ockenden, Großbritannien

Meine Freunde, die Sterne / 135
Estefanía Gordillo, Ecuador

—

Die Autorinnen und Autoren / 144
Patinnen und Paten der Preisträger / 148
Der Rattenfänger zu Hameln – die Stadtsage / 150

Vorwort

Es war einmal an einem Juni-Abend des Jahres 2012, Felicitas Hoppe hatte gerade bei dem DAAD-Lektorensommertreffen gelesen, als zu später Stunde die Idee aufkam, einen Märchenwettbewerb für Studenten und Studentinnen in aller Welt auszuschreiben, die von DAAD-Lektorinnen und Lektoren unterrichtet werden.

Im Unterschied zu vielen anderen Plänen, die bei solchen Anlässen erörtert werden, danach aber wieder aus dem Gedächtnis entschwinden, wurde diese Idee in die Tat umgesetzt. Felicitas Hoppe erzählte die bekannte Sage des Rattenfängers zu Hameln, mit der sie in ihrer Geburtsstadt aufgewachsen ist, neu als Märchen, dessen Handlung mit einem vorläufigen Höhepunkt endet, von dem aus die Geschichte aufgenommen und vom Schicksal der Hamelner Kinder in fernen Ländern und Städten erzählt werden soll.

    Im November 2012 wurde das Projekt über alle DAAD-Lektorate ausgeschrieben. Als Preise hatte der DAAD zwanzig Stipendien für einen vierwöchigen Sommersprachkurs in Berlin ausgelobt. Zum Stichtag 15. Februar 2013 waren 196 Märchen aus 38 Ländern eingegangen. Die Jury, der unter dem Vorsitz von Felicitas Hoppe Christiane Knödler (Süddeutsche Zeitung), Dr. Tilman Spreckelsen (Frankfurter Allgemeine Zeitung), Prof. Dr. Dieter Gutzen (Universität Bonn) und Friederike Schomaker (DAAD) angehören, hat auf einer Sitzung im S. Fischer-Verlag in Frankfurt am 20. März zwanzig herausragende Beiträge ausgewählt.

Mit großer Freude übergebe ich die Arbeiten dieser jungen Autorinnen und Autoren aus verschiedenen Kontinenten und Ländern der Welt der Öffentlichkeit. Es hat

VORWORT

sich zufällig so gefügt, dass der DAAD zweihundert Jahre nach dem Erscheinen der „Kinder- und Hausmärchen" der Brüder Grimm (20. Dezember 1812) und im Grimm-Jahr 2013 einen solchen Band vorlegen kann.

Denn die Autorinnen und Autoren haben den Handlungsfaden, den ihnen Felicitas Hoppe mit ihrer Frage nach dem Auftauchen der Kinder in den verschiedenen Regionen der Welt vorgegeben hat, tatsächlich aufgegriffen; mit Begeisterung haben sie ein Stück deutscher Sagengeschichte weiter gesponnen, sie mit Erzähltraditionen ihrer jeweiligen Regionen verbunden und ihr Märchen von dem neuen Leben der Kinder in ihren Heimatländern erzählt. Die Lektüre all dieser Geschichten hat uns auf den Titel für diesen Band gebracht: Ein Märchen geht um die Welt.

In fast allen Geschichten lassen die Autorinnen und Autoren uns Leser einen Blick auf die Schönheiten und Eigenheiten ihrer Länder und Städte mit den Augen der Kinder werfen; in allen nehmen wir aber auch teil an der Erfahrung der Fremde, der die Hamelner Kinder sich plötzlich ausgesetzt sehen.
    Viele Geschichten führen, wie es die Gattung Märchen vermeintlich immer vorgibt, zu einem guten Ende, an dem alle oder einzelne Kinder nach Hause zurückkehren dürfen. Dabei fällt auf, dass öfters auf die erzieherische Wirkung hingewiesen wird, weil entweder die Bürger von Hameln das Unrecht ihres Verhaltens einsehen müssen, bevor der ursprüngliche Zustand wiederhergestellt werden kann, oder aber die Kinder in der Fremde zu rechtschaffenen Menschen erzogen werden

sollen, die einen Fremden, der sie von einer Plage befreit hat, nicht um seinen Lohn prellen. Es kommt aber auch vor, dass Kinder in den fremden Ländern adoptiert werden oder sich so wohl fühlen, dass sie ihr einstiges Zuhause vergessen; andererseits wollen ausländische Helfer, die Kinder zurück nach Hameln bringen, gerne bleiben und verbringen dort als geachtete Mitbürger ihr weiteres Leben. Nur eine Geschichte führt zum Untergang aller Kinder, die allerdings die Welt aus dem Erdinneren immer wieder an ihre unterirdische Existenz erinnern.

Phantasie, Kreativität, Erzählfreude und das Spiel mit unterschiedlichen Darbietungsformen – Erzählbericht, Dialoge, Lyrik, Terzinen – kennzeichnen die Geschichten dieses Bandes, die nicht zuletzt auch – eindrucksvoller, als jede Evaluation es könnte – Zeugnis ablegen von der Qualität des Unterrichts in der deutschen Sprache und Kultur durch die Lektorinnen und Lektoren des DAAD.

Nach der Auswahl der Preisträgerinnen und Preisträger stellte sich heraus, dass mehr als die Hälfte von ihnen nicht in der Lage war, den Eigenanteil an den Aufenthaltskosten des Sommersprachkurses aufzubringen. Aus einer Privatinitiative heraus ist es überraschend schnell gelungen, Patinnen und Paten zu finden, die mit Großherzigkeit und Selbstverständlichkeit für den Aufenthalt in unserem Land gespendet haben. Ich bin diesen Patinnen und Paten besonders dankbar; denn nur durch ihre Unterstützung können nun elf Studentinnen und Studenten, die sich die Reise nicht leisten konnten, Deutschland als ein gastfreundliches Land erleben.

VORWORT

Ich danke allen Beteiligten, die dieses Märchenprojekt bis heute zu einem erfolgreichen Ende geführt haben. Mein Dank gilt vor allem Felicitas Hoppe für die glänzende Idee und für das große Interesse, mit welchem sie das Projekt durch die Monate hin begleitet hat; er gilt den Lektorinnen und Lektoren, die diese Idee aufgegriffen und ihre Studentinnen und Studenten zur Teilnahme angeregt und ermuntert haben. Ganz besonders danke ich den 196 jungen Autorinnen und Autoren, die uns ihre Arbeiten geschickt haben. Ich danke den Mitgliedern der Jury für die immense Lektüreleistung und ihre Auswahl und ich gratuliere den Preisträgerinnen und Preisträgern, deren Märchen in diesem Band versammelt sind.

Danken möchte ich auch der Frankfurter Allgemeinen Zeitung (FAZ), die in ihrer online-Wochenendausgabe die Texte veröffentlicht und zusätzlich fünf Sachpreise ausgesetzt hat für die Autorinnen und Autoren der Texte, die bei den Leserinnen und Lesern besonders gut angekommen sind.

Der DAAD legt mit diesem Buch eine Veröffentlichung vor, die aus der Reihe der üblichen Berichte und Studien herausfällt und schon durch ihren Titel, die Aufmachung und nicht zuletzt die Illustrationen Aufmerksamkeit erregt. Ich wünsche unserem Märchenbuch viele neugierige Leserinnen und Leser und diesen anregende Stunden unterhaltsamer Lektüre.

PROF. DR. MARGRET WINTERMANTEL
Präsidentin des Deutschen Akademischen Austauschdienstes (DAAD)

Unverhoffte Geschenke

Die schönsten Dinge geschehen unverhofft. Genau wie im Märchen. Noch vor einem Jahr hätte ich mir nicht träumen lassen, dass die Sage vom Rattenfänger, die mich, in Hameln geboren, seit jeher begleitet, tatsächlich rund um die Welt gehen würde. Und zwar nicht in Gestalt jenes Rattenfängers, den meine Heimatstadt bis heute touristisch vermarktet, sondern indem sie die Gestalt eines Märchens annimmt und unerwartete Metamorphosen durchläuft. Denn die Sage, so wie wir sie kennen oder wenigstens doch zu kennen glauben, zeigt sich plötzlich in einer neuen Gestalt.

Das ist Geschenk und Befreiung zugleich, die unbekümmerte Emanzipation von einer chronistischen Vorlage, um deren Auslegung Historiker, Sprachwissenschaftler und Literaten bis heute streiten. In dem hier ausgeschriebenen Wettbewerb hat sich, höchst überraschend, genau das ereignet, wovon wir meistens nur träumen. Die zur Nach- und Forterzählung der Geschichte eingeladenen Studentinnen und Studenten aus aller Welt kümmern sich nicht um Deutungshoheiten, sondern gehen auf kühne und erhellende Weise erzählend andere, eigene Wege.

Ich muss allerdings zugeben, dass es ein kleiner Schock war, als im Februar zwei in Bonn so sorgfältig verpackte wie fantastisch organisierte und überwältigend dicke Ordner in Berlin eintrafen, die mich unmittelbar an Goethes „Zauberlehrling" denken ließen: Die Geister, die ich gerufen hatte, wurde ich buchstäblich nicht mehr los. Ich hatte den Rattenfänger gespielt, jetzt musste ich mit den Ratten und Kindern klarkommen. Die beiden magischen Ordner auf meinem Küchentisch entwickelten in den nächsten Wochen bis hin zur Jurysitzung ein eigensinniges

GELEITWORT

Eigenleben und bereiteten mir die eine oder andere schlaflose Nacht. Ich hörte einfach nicht auf zu lesen, tat kein Auge mehr zu.

Dass Lesen und Schreiben immer auch Reisen sei, ist eine Binsenweisheit und also wahr. Und das Märchen erzählt fast immer von Reisen, die, selten freiwillig, sondern meistens aus Not unternommen, alles andere als touristische sind. Was mich betrifft, ich bin nicht wenig gereist, aber eine größere Reise als die Lesereise mit den Wettbewerbsteilnehmern habe ich nie unternommen. Sie beginnt in Afrika, geht von dort aus weiter nach Asien, danach in die Baltischen und Skandinavischen Länder, weiter nach Südamerika und schließlich durch Mittel-, Süd- und Osteuropa.

    Wir reisen, wir fahren. Und es wechseln, aller behaupteten Globalität zum Trotz, Länder und Sitten, Getränke und Speisen, Gerüche und Farben. Es wechseln Verkehrs- und Höflichkeitsformen, Politik, Religion und Moral, Not und Gefahr. Es wechselt die Landschaft, die Liebe, die Einkommenslage. Die Kinder wechseln Kostüme und Namen. Es wechseln die begleitenden Fabeltiere. Es wechselt das Wetter. Es wechseln Stimmung, Töne und Klänge, Witz und Humor. Der Rattenfänger kommt nicht mehr aus Hameln und heißt womöglich Curt Bonaparte. Er kann gut sein und böse, verprellt und listig zugleich, zieht Register und spielt Instrumente, von denen ich vorher nichts ahnte.

Die mehrwöchige literarische Weltreise in meiner Berliner Küche hat mich fasziniert und bereichert. Und Bescheidenheit gelehrt. Nicht nur, was mein eigenes Reisen, sondern auch was mein Schreiben betrifft. Denn Erzählen, das beweist das Ergebnis vor allem, ist weit mehr als Sprachbeherrschung. Im Gegenteil scheint es fast umgekehrt: Der Umgang mit einer fremden Geschichte in einer fremden Sprache und das Risiko, dabei Fehler zu machen, inspiriert auf besondere Weise, ist ein Zugewinn an Freiheit und erzeugt einen eigenen Erzählimpuls, der überraschende Erkenntnisse zutage fördert. Und zeigt auf wunderbare Weise, wie weltweit belastbar, flexibel und reich das Märchen in all seinen Formen ist.

Erzählen und Reisen heißt Bekanntschaften schließen, in einen neuen Umgang kommen, sich in fremden Spiegeln und Sprachen betrachten, dabei gelegentlich auch in Verwirrung geraten. Vor allem lehrt es uns eins: dass es in der Fülle der erzählten Geschichten so gut wie unmöglich ist, nur 20 von 196 zu preisen. Preiswürdig sind sie alle, weil ihre Erzähler furchtlos zu Werke gehen und uns mit Sätzen wie diesen beschenken: „Am Ende waren sie sehr reich und führten ein sauses und brauses Leben." Das sind Sätze und Schätze, von denen manch großer Autor nur träumt und wären allesamt würdig, mit dem alle zwei Jahre von der Stadt Hameln ausgelobten „Rattenfänger-Literaturpreis" für phantastische Literatur gepriesen zu werden!

FELICITAS HOPPE
für den Deutschen Akademischen Austauschdienst (DAAD) im Mai 2013

Es war einmal, vor sehr langer Zeit ...

... eine kleine Stadt, die hieß Hameln. Dort hausten schrecklich die Ratten und fraßen den Menschen die Haare vom Kopf. Bis eines Tages ein Mann kam, der trug bunte Kleider und spielte so schön auf der Flöte, dass die Ratten zu tanzen begannen und ihm in einen Fluss namens Weser folgten, in dem sie alle ertranken. Aber weil ihn niemand für seine Dienste bezahlte, kam er heimlich zurück und spielte von vorn. Jetzt hörten die Kinder die Melodie und liefen verzaubert hinter ihm her, hinaus vor die Stadt, wo sie in einem finsteren Berg verschwanden, aus dem sie nie wieder aufgetaucht sind.

Das ist aber nur die halbe Wahrheit. Denn ich weiß genau, dass die Kinder gar nicht verschwunden sind, sondern einfach unter der Erde weiter wanderten, bis sich am anderen Ende der Welt der Berg plötzlich öffnet. Und da sehen sie ein anderes Land, Lichter und Menschen, eine neue und unbekannte Stadt ... Aber all dieses kennt Ihr viel besser als ich! Also erzählt mir davon und verratet mir endlich, was aus den Kindern von Hameln geworden ist ...

FELICITAS HOPPE

Prolog

MARIAM EMELY JOSÉ RAMÍREZ LUGO, VENEZUELA

Ja, ich meine es ernst. Fällt Euch nichts ein? Ich nehme an, dass Ihr diese Geschichte einfach findet. So eine offene Handlung muss unglaublich viele Möglichkeiten bieten. Davon hat mich ein alter Mann überzeugt, als ich ihn während einer „Forschungsreise" getroffen habe. Der war ein gebildeter Mann, obwohl er nie zur Universität gegangen ist. Ich vermute, dass er auch ein bisschen verrückt war: Er stellte sich als Zauberer und Schriftsteller vor. Ach, ich weiche aber vom Thema ab. Könnt Ihr Euch eigentlich kein Ende ausdenken?

Vielleicht machen wir es so: Ihr lasst euch Zeit, um etwas Interessantes zu erfinden, und ich erzähle die Anekdote.

Dieser Mann hatte ein enzyklopädisches Wissen. Ich glaube, dass er seine Ideen in seinem langen Bart versteckte.
    Als wir über die Geschichte der Kinder von Hameln sprachen, sagte er: „Zauber wird durch Sprache gebildet und umgekehrt."
    Da bemerkte ich es. Der Mann mit der Flöte hatte die Kinder bezaubert. Als Erben der Geschichte hatten wir es mündlich und schriftlich festgestellt. Es war ein lustiger Gedanke. Wenn ich mich nicht irre, konnten einige Kinder die Musik der Flöte nicht hören oder den Mann sehen. Zauberei war es.

MARIAM EMELY JOSÉ RAMÍREZ LUGO, VENEZUELA

Genauso war die Stadt, die die Kinder zufälligerweise besuchten. Sie lag nicht auf einem Berg. Es sah so aus, als ob sie in eine Wüste gekommen waren. Die Sonne schien am Himmel, aber es war weder heiß noch kalt. Es gab keine Gebäude oder Straßen, sondern nur extrem hohe Bücherschränke. Vor diesen standen große Stehlampen, deren Lichtkegel schwarz waren. Aus diesen Kegeln kamen Menschen und Dinge wie aus dem Nichts. Sie wurden dann in Bücher verwandelt. Menschen, die dort arbeiteten, kamen und gingen mit Leitern, um die Bücher zu ordnen.

Was war hier los? Damit hatten die Kinder und der Mann mit der Flöte nicht im Traum gerechnet: Auch sie wurden in ein kleines Buch verwandelt.

Dies war das Reich der vollständigen oder unvollständigen Geschichten. Alle Figuren einer Geschichte mussten von den Regisseuren interviewt werden. Die waren selbst zwei komische Figuren, die Wahrscheinlichkeit und Inspiration hießen. Sie kontrollierten, welche Geschichten im Reich bleiben durften. Wenn sie es entschieden hatten, konnte eine Geschichte an das Traum- oder an das Erinnerungsreich weitergeschickt werden. Morpheus war der Gott dieser fantastischen Welten. Eventuell baten auch die Hauptfiguren unserer Geschichte um seine Hilfe, damit wir heutzutage über sie diskutieren können.

Habt Ihr endlich was Nützliches erfunden?

Die verschwundene Geburtstagsparty

YIMIN FEI, VR CHINA

„Zum Geburtstag, liebe Sarah, zum Geburtstag viel G..."
Ich wollte gerade die Kerzen ausblasen und schloss meine Augen, wobei ich zögerte, ob ich mir eine schlanke Figur wünschen sollte oder lieber viel leckeres Essen, als es mir plötzlich sehr kalt wurde und ein starker Wind mich fast vom Boden in die Luft zu reißen drohte. Wie? Wurde unser Dach weggeblasen? Dabei hatte ich noch gar nicht geblasen! Ich machte neugierig meine Augen einen kleinen Spalt auf. – Was? Bach? Berg? Bäume? Interessant, ich träumte bestimmt ... Ich schloss meine Augen ohne jedes Zögern wieder, und zwar so schnell und fest, dass man das laute „klapp" hätte hören können – wären meine Augenlider aus Holz. Langsam und vorsichtig öffnete ich noch einmal die Augen und wurde nur verwirrter: Die Party war wie weggeblasen und hinterließ keinerlei Spuren. Ich sah klipp und klar, dass ich am Stadtrand auf einer Lichtung im Wald stand – der Bach, der Berg und die Bäume waren immer noch da, wie viel mal ich auch zwinkern mochte. Um mich herum waren über hundert von anderen Kindern aus unserer Stadt, die genauso desorientiert wirkten wie ich. Ich hörte sogar schon die kleine Marie – in dieser Dunkelheit ließ sich nicht viel deutlich sehen, aber um Marie zu erkennen, brauchte man die Bestätigung durch die Augen auch nicht: Ihr kreischendes Weinen war in der ganzen Stadt berühmt. Sobald etwas gegen ihren Willen war, flennte sie hysterisch. Ich runzelte verärgert meine Stirn: diese Heulsuse!

Zu dieser Zeit ertönte im Wald melodische Musik, die so verführerisch wirkte, dass ich jede Aufmerksamkeit auf Marie verlor und interessiert nach der Quelle suchte. Ach, es saß ein Mann mit einer Flöte auf dem höchsten Zweig einer alten Eiche. Die Musik kam offenbar von ihm. Nun war der Mond auch aufgegangen, hielt gerade neben dem seltsamen Mann, schwankte sogar ein wenig, wie ein mit dem Seil am Ufer festgebundenes Boot, als wäre er jeder Zeit bereit, wegzufahren, sobald man ihn losließe. Ich erkannte im Gegenlicht den Umriss des Mannes – die merkwürdige Mütze, und die Flöte, die kamen mir irgendwie bekannt vor ... Ach ja! Er war der ...

„Der Rattenfänger."

Die Musik hörte schlagartig auf, der Mann begann zu sprechen. „Ja Kinder, ich bin der Rattenfänger, der euch von den Ratten befreit hat. Ihr fragt wohl, warum ich euch aus euren bequemen Häuschen hierher geholt habe." Sein Ton wurde plötzlich grimmig: „Eure Eltern haben mir einen Lohn fürs Rattenfangen versprochen, bis jetzt habe ich aber keinen Pfennig bekommen! Sie haben mich sogar aus der Stadt vertrieben!"

Was will er denn?

„Natürlich weiß ich, dass ihr nicht schuld daran seid. Nur bin ich besorgt, wenn ihr in einer solch unehrlichen Stadt aufwachsen müsst. Deshalb werde ich euch alle in irgendeinen Teil der Welt schicken, wo ihr lernen müsst, aufrichtige Menschen zu werden. Erst nachdem ihr aus vollem Herzen gute Taten vollbracht habt, könnt ihr zurückkehren."

Kaum hatte er zu Ende gesprochen, sah ich mich schon in der Luft schweben, ebenso wie alle anderen Kinder. Meine Angst begann wie eine Kletterpflanze wahnsinnig schnell zu wachsen und umrankte mich wie verrückt mit unzählbaren Runden, sie würde mich bald ersticken! Ach, so ist das Gefühl, verzaubert zu sein! Doch würde ich lieber ein Frosch in Hameln werden, als die Stadt zu verlassen! Oh liebste Mama und Papa, meine liebste Schwester Anja, liebe Freunde, wir werden uns nie wiedersehen ... Als all diese Gedanken durch meinen Kopf wirbelten, flogen wir gerade magisch angezogen zu dem Berg hinter der Eiche. Es blieb für mich nur noch die Zeit zu sehen, wie der Rattenfänger geschickt in das Mond-Boot sprang und schnell damit wegfuhr, bevor ich von dem Berg verschluckt wurde.

Seltsamerweise war das Verschluckt-Werden nicht so schrecklich, wie ich es mir vorstellte. Ich fand mich in einem vertikalen Tunnel und fiel mit konstanter

Geschwindigkeit runter. Es roch in diesem Tunnel besonders schön, nach ... nach unserer Küche, wenn Mama und Anja zu Weihnachten Plätzchen backten. Oh Mama, ich schniefte ein bisschen, oh unsere Plätzchen, Apfelstrudel, Stollen und meine Geburtstagstorte! Muss ich mich auf ewig von euch verabschieden?

Peng!

„Ouch!" „Aua!"

Mensch! Man musste immer aufpassen, sonst stieß man zusammen!

„Sorry!" „Entschuldigung!"

Zum Glück waren wir beide nicht schnell unterwegs, deshalb hatte der „Unfall" keine schlimmen Folgen. Es stellte sich heraus, dass sich unsere beiden Tunnel zufällig miteinander schnitten.

„Hi, I'm Alice, nice to meet you!" Das andere Mädchen sprach hell und schnell, zeigte dabei ein großes, fröhliches Lächeln.

Obwohl sie offenbar eine andere Sprache benutzte, verständigte ich mich gut mit ihr. Ich wunderte mich auch nicht besonders: In eine so bizarre Nacht passt das doch sehr gut hinein.

„Hallo Alice, ich heiß..." Leider hatte ich zu spät reagiert, wir beide mussten schon weiter runter fallen. Ich konnte nur noch ihre helle Stimme im Tunnel ertönen hören: „Oh I still need to catch up with the rabbit, bye-byeee..."

Ich hatte keinerlei Idee, was das bedeuten sollte, und schon begannen meine Gedanken wieder zu wandern. Na, der Rattenfänger hat ja gesagt, wir können nach Hause, wenn wir aufrichtige Menschen werden. Also werde ich eben ein aufrichtiger Mensch! Dann kehre ich nach Hause zurück und erzähle allen von meinem Abenteuer! Papa und Mama werden stolz auf mich sein! Anja wird bestimmt grün vor Neid und wagt nicht mehr, mich „dicke Sarah" zu nennen! ... hmm, Alice ist nicht dick ... Woher kommt sie denn? Offensichtlich nicht aus Hameln. Geht sie auch noch zur Schule? Müssen sie dort alles in dieser komplett fremden Sprache lesen? Komisch, aber ... naja, großartig. Wie kann sie eine andere Sprache so gut meistern? Deutsch ist wohl die einfachste Sprache – man kann es schließlich seit der Geburt ... Geburt ... meine Geburtstagsfeier ...

Aber wie lang die Reise war! Mein Magen meldete sich, während der angenehme Geruch im Tunnel immer stärker wurde. Mir lief das Wasser im Mund zusammen ... Ich muss vor lauter Hunger meine Selbstbeherrschung verloren haben, denn plötzlich bemerkte ich, dass ich die Wand des Tunnels leckte! (Mama ließ mich nicht einmal die Finger lecken!) Aber lieber Gott! Die Wand roch nicht nur nach Plätzchen, sondern schmeckte auch genau wie Plätzchen! Der Tunnel war eben aus Plätzchen! Prinzessin Sarah in ihrem luxuriösen Plätzchen-Schloss! Eine echte Prinzessin könnte wohl auch nicht glücklicher sein! Schnell verschlang ich die Plätzchen, die ich ständig von den vorbeiziehenden Wänden herunterklopfte. Ich wusste nicht, wie viel ich schon gegessen hatte, als ich plötzlich vor rasendem Bauchweh in Ohnmacht fiel.

Als ich aus der Ohnmacht erwachte, fand ich mich auf einem Bett wieder. Es war das Wohnheim in einem chinesischen Internat im 21. Jahrhundert. Ich lernte dort und konnte die chinesische Sprache so gut wie eine Muttersprachlerin, ich sah sogar aus wie ein normales chinesisches Kind. Woher ich das überhaupt ahnte, das wusste der Kuckuck, oder der Rattenfänger. Das Chinesin-Sein war mir einfach selbstverständlich, nur der leichte Schmerz am Bauch mahnte mich noch an meine übermäßige Naschsucht.

Meine ersten Tage an der neuen Schule waren miserabel, besonders wegen meiner allmorgendlichen Verspätung. Ich habe die strenge Frau Hai jetzt noch plastisch vor Augen: „Viel zu spät!" Naja, früher hatte ich noch nie dieses Problem gehabt. Mama war immer jeden Morgen zu mir gekommen und weckte mich geduldig auf, wobei sie schon alles Mögliche sorgfältig für mich vorbereitet hatte. Nach ein paar Tagen tiefer Frustration gewöhnte ich mich aber allmählich daran, früh aufzustehen, alles selbst zu machen und täglich einen Haufen Hausaufgaben zu erledigen. Das Leben war ehrlich gesagt, stressig und langweilig.

Der einzige Spaß waren die vom Rattenfänger gesendeten Nachrichten anderer Hamelner Kinder. Zum Beispiel wurde berichtet, dass der heldenhafte Manneken Pis, der die ganze Stadt Brüssel vor einem Feuer geschützt hatte, einer unserer Hamelner Jungen war. Kein Wunder, dass niemand wusste, woher er kam – aus seinem Tunnel natürlich! Tapferer Junge, er war bestimmt bereits nach Hameln zurückgekehrt, wie schön! Ein anderer Junge wurde ins englische Dorf Woolsthorpe im 17. Jahrhundert geschickt und hatte dort den weltweit wichtigsten Apfel aufs Haupt Isaac Newtons geworfen. Dramatisch, offenbar hatte er damals nicht die geringste Ahnung, mit seinem üblen Streich zu dem weltumwälzenden Gravitationsgesetz „beigetragen" zu haben. Ein dritter Junge landete in der Sahara und erzählte dort einem Piloten von seinem Erlebnis, wodurch das Märchen „der kleine Prinz" entstand … Schön, dass alle anscheinend viel Spaß am neuen Leben hatten. Für mich aber siegte der Reiz der Heimat über alles. Papa, Mama und Anja fehlten mir so sehr … Ich musste also endlich etwas tun, damit wir uns wiedersehen können.

Das nächste, was mir in Erinnerung ist, ist die Szene, wie ich vor der Bürotür des Rektors stand.

Schon längst wollte ich eine Talent-Show für alle Mitschüler organisieren. Seitdem ich zufällig die atemberaubenden Stick-Werke einer Mitschülerin gesehen hatte, die den Ausstellungsstücken im Museum in gar nichts nachstanden, die sie aber ausschließlich für die Finanzierung ihrer Familie billig verkaufte, stellte ich fest, dass sich in unserer Schule viele „Meister" verbargen. Leider wurden Schüler hier nur für eine volle Punktzahl in der Prüfung gelobt, auf ihre Intressen, ihre Talente, den Spaß ihres Lebens achtete niemand. Aber auch wenn in der Konkurrenzgesellschaft selbst die Schüler unter riesigem Druck leben, dürfen sie immer noch ihre Talente zeigen!

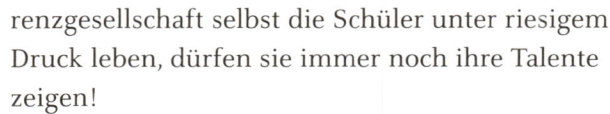

Ich werde mit dem Rektor sprechen. Wahrscheinlich werde ich mir schwere Vorwürfe anhören müssen und hinausgeworfen werden, trotzdem ist es den Versuch wert! Natürlich machte ich das auch, muss ich zugeben, nicht ohne egoistisches Motiv: Wenn dies als gute Tat gilt, wird es mir auf dem Weg nach Hause helfen ...

Ich kann mich immer noch klar erinnern, wie überrascht ich Frau Hai und die ganze Klasse zu mir kommen sah, als ich mir ein Herz fasste, an die Tür zu klopfen, und wie wir zusammen den Rektor von meiner Idee überzeugten ...

Die „Jedes Kind ist speziell"-Talent-Ausstellung sollte endlich stattfinden. Schüler aller Jahrgänge waren begeistert davon.

Den Abend vor dem großen Tag hielt mich ein Mädchen auf dem Spielplatz auf. Ehe ich noch reagieren konnte, begann es hysterisch zu weinen: „Lass mich die Moderatorin der Ausstellung sein! Ich muss eine gute Tat vollbringen! Ich will zurück nach Hameln!"

Ich brauchte keine weitere Erklärung, um zu verstehen, dass sie die kleine Marie war. Wir waren in dieselbe Schule gekommen! Ich ärgerte mich nicht mehr über ihr Weinen, hatte stattdessen tiefes Mitleid mit ihr: Sie war noch so klein, wie sollte sie überhaupt in der Lage sein, den anderen zu helfen? Sie selbst brauchte Hilfe!

„Arme Marie, weine nicht, schon gut, schon gut, du kannst es haben. Ich bin Sarah, kennst du mich noch? Na, wenn du zurück in Hameln bist, sag meinen Eltern, dass es mir sehr gut geht und dass ich bald zurück sein werde, ok?"

Der starke, vertraute Plätzchen-Geruch kam so abrupt, dass ich für ein paar Sekunden nicht fassen konnte, was los war. Ich befand mich wieder in dem Tunnel. Und diesmal reiste ich so schnell, dass ich augenblicklich schon vor der Geburtstagstorte stand. Ohne Maries überraschtes Gesicht gesehen zu haben, ohne Abschied von meinen Freunden genommen zu haben, war ich schon zurück. Alle lächelten herzlich, als ob nichts passiert wäre. Ich fühlte mich so warm und glücklich, dass es beinahe unrealistisch wirkte.

„Was starrst du vor dich hin, dicke Sarah!" Anja klopfte mir auf den Kopf, „Zeit fürs Wünschen!"

Diesmal zögerte ich nicht mehr, sprach leise vor mich hin: „Ich wünsche, dass alle Kinder bald aufrichtige Menschen werden und schnell nach Hameln zurückkehren können."

Mit einem Atemzug blies ich alle Kerzen aus. Da fiel mir etwas ein: „Papa, wieso haben wir den Rattenfänger nicht bezahlt?"

Papa sah verwirrt aus: „Was? Doch, natürlich haben wir gezahlt. Warum?"

Und Papa log nie.

Pieter, der Uhrmacher

ANTÓNIO CONDUTO OLIVEIRA, PORTUGAL

Als er aufwachte, war Pieter allein im Tunnel. Die anderen Kinder waren aus dem Berg gelaufen, aber er, erschöpft, hatte für eine Weile geruht. Nun war er allein in einem dunklen Tunnel unter dem Berg, weit weg von seinen Eltern und Freunden.

Er weinte, als er den Vogel hörte. Er war groß und hatte Federn von einem hellen blau, und er sang. Er sang zu ihm. Und wie er sang, flog er weg in die Dunkelheit. Sein Lied zwang Pieter, ihm zu folgen, und so ging der Junge hinter seinem Retter her.

Pieter ging eine lange Zeit. Er hatte immer den leuchtend blauen Vogel vor sich, der sang. Dann sah er ein Licht. Dieses Licht wuchs und wuchs, als er näher kam, ein helles blaues Licht, blau wie der Vogel. Als er in das Licht trat, wurde er fast blind. Langsam öffnete er seine Augen. Vor ihm war es Tag. Eine schmale Spur ging von dem Tunnel in ein kleines Wäldchen, und weiter hinten sah Pieter die Dächer einer Stadt, die Pinakel von einer Kathedrale. Und vor sich sah er den strahlend blauen Vogel, der ihn gerettet hatte. Der Vogel, der immer noch sang, stand auf einem Busch. Aber als Pieter sich auf ihn zu bewegte, flog er weg. Pieter rief nach ihm, aber er kam nie wieder, und das Kind sah ihn in den Wolken entschwinden.

Ein glücklicher Pieter lief durch den Wald. Endlich kam er zu den Toren einer Stadt. Alle anderen Kinder waren vor ihm da gewesen, sagten die Menschen in der Stadt, und alle waren in ganz Europa verstreut. Er war wieder allein.

ANTÓNIO CONDUTO OLIVEIRA, PORTUGAL

Ein Uhrmacher, der sich immer einen Sohn gewünscht hatte, hatte Mitleid mit Pieter und führte ihn in sein Haus. Er und seine Frau haben den Jungen adoptiert, und bald begann Pieter zu lernen, wie man Edelmetall verdreht und formt und Uhrwerke macht. Als er älter wurde, wuchs auch seine Fähigkeit, und sein Ruhm übertraf den seines Adoptivvaters. Bald kamen reiche Leute aus anderen Städten auf der Suche nach Pieters Uhren für ihre Häuser. Aber Pieter hat nicht nur Uhren gebaut. Er machte viele komplexe Mechanismen in seiner Werkstatt: für Kaufleute baute er Zählmaschinen, Alarmanlagen und Tresore; Adlige kauften seine Taschenuhren und zarte Spieldosen. Es wurde sogar gesagt, dass er einen mechanischen Tiger an den Kaiser im weit entfernten China verkauft hätte, und dass eine Truppe von mechanischen Tänzern, die er mit seinen Händen gebaut hatte, für die Unterhaltung des Sultans von Siam sang und spielte. Aber er hat nie den blauen Vogel vergessen, der ihn gerettet hatte. Vögel waren seine Spezialität, und er baute sie für Kinder. Kleine Vögel, in allen Farben des Regenbogens, die Kinder in den Schlaf sangen. In seiner Stadt waren die kleinen Vögel überall. Sie spähten über Dächer und Wände, sie flogen um die Kaufmannsstände auf dem Markt. Ein blauer Vogel mit ausgebreiteten Flügeln wurde das Symbol der Stadt und ihre Bewohner liebten Pieter den Uhrmacher. Später befahl ihm der Bischof, eine Uhr für die Kathedrale zu bauen. Pieter hat einen großen Mechanismus gebaut, der auf einem hohen neuen Turm hoch über der Stadt steht.

Als Pieter alt wurde, begann jedoch seine Leidenschaft für Vögel ihn ein bisschen seltsam zu machen. Er machte mechanische Vogel-Wecker, mechanische Vögel, die zählen und komplizierte mathematische Operationen machen konnten, und mechanische Vögel, die einen lauten Schrei abgaben, um vor Räubern zu warnen. Er ersetzte die gotischen Zeiger der Uhr durch ein Paar goldene Flügel. Und, inspiriert von dem blauen Vogel, der ihn einmal gerettet hatte, begann er, vom Fliegen zu träumen. Er versuchte, den blauen Vogel zu finden. Aber wenn er Leuten davon erzählte, dachten sie, er wäre verrückt.

„Dieser Vogel verschwand vor langer Zeit", sagten sie, aber er wollte nicht hören.

Er war alt, und niemand beachtete ihn. Er war immer noch der Mann, der viele wunderbare mechanische Wunderwerke gebaut hatte, und die Stadt verdankte ihm viel, so dass sie über seine Exzentrik hinwegsah. Er war der verrückte, aber geliebte Uhrmacher. Aber sie alle beobachteten, wie Pieter eines Tages auf seinen großen Glockenturm kletterte und auf dem kegelförmigen Dach stand. Auf seinem Rücken hatte er große blaue Flügel aus emailliertem Silber.

Die Leute standen auf dem Marktplatz, entsetzt. Viele hielten Kreuze in ihren Händen und baten ihn herunterzukommen. Pieter war auch besorgt. Es war nicht, weil er Angst hatte, sondern weil er die Menschen nicht erschrecken wollte. Er wusste, dass er fliegen konnte, sonst wäre er nie die Treppe hinaufgestiegen. Keine seiner Maschinen war jemals gescheitert. Seine Flügel würden ihn über die Stadtmauern und bis ins große blaue Feld des Himmels tragen. Die Leute drängten ihn, sich zu beruhigen, aber er lächelte sie an und lehnte ab. Er würde fliegen. Und um das zu beweisen, sprang er.

Jeder hat weggeschaut. Jeder hat sich vorbereitet, das Knirschen von Metall zu hören, wenn der Körper von Pieter dem Uhrmacher auf das Kopfsteinpflaster der Straße stürzte.

Aber niemand hörte ein Geräusch.

Pieter der Uhrmacher war verschwunden.

ANTÓNIO CONDUTO OLIVEIRA, PORTUGAL

Und das ist über eines der Kinder von Hameln zu sagen, bis zu diesem Tag: er war ein großer Uhrmacher namens Pieter, und er hat den Tod durch das Fliegen mit blauen Flügeln in den Himmel betrogen, um einen Vogel zu treffen, der ihn einmal gerettet hatte. Und wenn die Glocke seiner großen Uhr auf der Kathedrale schlägt, kann man noch ein leises Geräusch von raschelnden silbernen Federn hören.

Nachrichten aus Amazonien

RAQUEL GARCIA D'AVILA MENEZES, BRASILIEN

Viele Jahre nach dem Verschwinden der Kinder von Hameln saß Pedro ruhig zu Hause und sah eine merkwürdige Nachricht im brasilianischen Fernsehen. Eine Sendung zeigte einen Volksstamm irgendwo in Amazonien, wo Pedros Eltern geboren waren. Er konnte es kaum glauben, aber einer der Jungen sah genauso aus wie er. Und viele der kleinen Ureinwohner dort sprachen einen Dialekt, der wie Deutsch klang … Derselbe Dialekt, den er zu Hause sprach! Wie war das möglich? Pedro kam auf die Idee, eine kleine Recherche darüber zu machen.

Am Anfang war es ein bisschen schwer, Informationen zu finden. Es gab nicht so viele Seiten im Internet, die von Amazonien und dem Volksstamm mit dem interessanten Dialekt berichteten. Aber weil er so neugierig war, konnte und wollte er einfach nicht aufgeben. Nach ein paar Stunden stieß er im Netz zufällig auf ein Diskussionsforum. Dort sprach er mit einem Mann, der einen Stadtplan von dem genauen Ort des Volksstamms in Amazonien besaß und als Anhang für Pedro hinzufügte. Alles, was er sah, war Pedro unheimlich vertraut … warum? Er konnte seine Eltern nicht mehr danach fragen, denn sie waren lange tot. Also meldete er sich kurzerhand krank und fuhr zum Flughafen.

Schon am nächsten Tag saß Pedro im Flugzeug. Ihm war völlig klar: Wenn irgendjemand auf der Arbeit jemals von diesem Abenteuer Wind bekam, würde er sofort arbeitslos. Aber das war ihm im Moment egal, er wollte einfach nur verstehen, warum alles in dem Fernsehbericht ihm so unglaublich vertraut war. Die Reise in den Norden Brasiliens dauerte eine Ewigkeit, aber schließlich kam er doch noch dort an: In Amazonien; in Canutama. Sogar die Brasilianer kannten diese Stadt nicht! Er nahm ein Taxi, das eigentlich gar kein Taxi war, sondern eine Art Taxi-Fahrrad, und fuhr in ein entlegenes Hotel.

Die Einwohner Canutamas waren sehr freundlich und auch sehr verschieden von den Deutschen, das fiel ihm sofort auf. Sie hatten dunkle Haut, glattes schwarzes Haar und trugen Kleidung, die aus Wolle war. Nach einem längeren Gespräch mit den Einheimischen fand Pedro schließlich den Weg zu dem Volksstamm, den er im Fernsehen gesehen hatte. Es war noch einmal eine lange Reise, aber dazu war er nur allzu bereit.

Er musste mit einem Boot fahren. Der Steuermann war ein kleiner und sympathischer Typ, der immer ein Lächeln im Gesicht hatte. Sie konnten sich nicht unterhalten, da er weder Portugiesisch noch Deutsch sprach. Dennoch redete der Mann lustig darauf los, als ob Pedro alles verstehen könnte. Der Himmel war überraschend blau und dunkel …; es war schon spät. Pedro war erstaunt und begeistert von dem Naturschauspiel am Amazonas, er hörte überall Vögel singen. So erstaunt war er, dass er gar nicht merkte, dass der Steuermann verschwunden war.

Pedro war zutiefst verwirrt. Wo war der Mann? Er merkte, dass er allein mitten im Nirgendwo war. „Um Gottes willen, was soll ich jetzt machen?", dachte er. Da sah er im Wasser einen Delfin. Einen rosa Delfin, der lachte. Ein lachender rosa Delfin … war er vielleicht schon verrückt?

„Beruhige dich, alter Freund" sagte der Delfin, „Ich bin tatsächlich ein Boto am Tag und ein Mann in der Nacht. Mach dir keine Sorgen, ich will dir helfen, den Weg zu finden". Als Mann trug der Boto einen weißen Anzug und sah sehr charmant aus. Pedro dachte, dass er träumte.

Für viele Stunden fuhren die beiden über den Fluss zum Klang der Pfeife des Botos ... bis Pedro einen Gesang hörte. Eine Meerjungfrau stand im Wasser während sie das schönste Lied der Welt sang.

„Was für ein Traum ist das?" dachte Pedro.

Die Meerjungfrau las seine Gedanken sofort. „Das ist doch kein Traum, mein Lieber. Ich kenne das Dorf, das du suchst. Die Kinder werden sich freuen, wenn sie dich sehen", behauptete die Meerjungfrau. Sie hieß Iara, die Herrin der Wasser, und ihre Stimme war so schön wie ihr Äußeres. „Der Weg ist nicht mehr weit von hier, vertraue mir."

Sie schwamm neben dem Boot, und Pedro wollte ein Foto von ihr und dem Boto machen. Wer würde ihm diese Geschichte sonst glauben? Er hatte aber in seiner Eile gar keinen Fotoapparat eingesteckt, nur ein paar Münzen, den Stadtplan und seinen Hotelschlüssel. War vielleicht doch alles nur ein Traum? Es musste schon sehr spät in der Nacht sein, weil es sehr dunkel war. Trotzdem war er gar nicht müde, seine Neugier war größer als seine Müdigkeit. Als er endlich im Dorf ankam, verabschiedete und bedankte er sich bei seinen wunderbaren Weggefährten, dem Boto und der Meerjungfrau Iara.

Die Bäume am Dorfrand waren riesengroß und sehr alt. Mit dem Stadtplan in der Hand versuchte Pedro, den genauen Ort im Dorf und die Kinder aus dem Fernsehbericht zu finden. Er wusste überhaupt nicht mehr, was ihn hier erwarten würde.

Da tauchte zwischen den Bäumen plötzlich ein Männchen mit roten Haaren auf. Seine Füße waren umgekehrt und seine Zähne waren eckig. Es sprach leise und lief schnell. „Na, wen haben wir denn da? Du bist der Deutsche, nicht? Ich wartete auf dich seit jeher. Wo warst du denn? Komm, lass uns die Kinder treffen!" sagte das Männchen. „Ich bin der Curupira, ich schütze den Wald, und bei mir bist Du in Sicherheit".

Endlich war Pedro in der Dorfmitte angelangt. Er konnte den Ort aus der Fernsehsendung sofort erkennen. Die Kinder strahlten ihn glücklich und zufrieden an.

Aber warum?

Er fragte einen der Jungen, der plötzlich antwortete: „Kennst du mich denn nicht mehr, Pedro? Ich bin's, der Saci! Ich habe dich sehr vermisst, mein Freund!"

Pedro war sehr verwirrt. Zu viele Informationen gleichzeitig und durcheinander … was passierte hier? Er fiel in Ohnmacht.

Am nächsten Tag, als er aufwachte, war er in Curupiras Bett, umringt von den dichten und grünen Bäumen des Amazonas-Regenwaldes. Er ging ein bisschen im Dorf spazieren und da, während seines Umherspazierens, ganz aus heiterem Himmel, erinnerte er sich plötzlich an seine Vergangenheit: ER war eines dieser Kinder! Als er in Hameln der Melodie der Flöte gefolgt war, kamen er und seine Freunde in Canutama in Amazonien aus dem Berg. Der Zauber des Rattenfängers war so stark gewesen, dass sie wie in Trance bis auf die andere Seite der Welt gelaufen waren. Die Bergkinder von Canutama, die dort blieben, blieben aber für immer Kinder, obwohl sie in Wirklichkeit längst Erwachsene waren. Sie wohnten glücklich bei den Tupí, geschützt von den freundlichen Indianern und der üppigen Natur von Regenwald und Amazonas. Sie waren längst zu einem Teil des Volksstammes geworden, behielten untereinander aber ihre deutsche Sprache bei. Die Wesen zwischen Realität, Sage und Zauber wie die Herrin der Wasser Iara, der lachende Boto und der starke Curupira waren für sie genauso echt und ein Teil ihres Lebens, wie es damals der musikalische Rattenfänger in Hameln gewesen war.

Pedro hingegen war sechs Jahre alt gewesen, als er als einziger aus Canutama verschwand. Seine Eltern waren Fischer in Amazonien. Sie hatten ihn am Fluss gefunden und adoptiert. Hätten die Fischer ihm nicht geholfen, wäre er noch immer ein Kind … Eine schöne und grausame Vorstellung zugleich!

Und doch: Auch wenn Pedro ein eigenständiges und schönes Leben im Süden Brasiliens gehabt hatte, heute wohnt er aus Überzeugung in der Nähe von Canutama in Amazonien bei den anderen Kindern von Hameln. Niemand in Hameln weiß, wo Pedro ist. Und die Geschichte der Kinder aus Canutama in Amazonien bleibt in Brasilien weiterhin ein großes Rätsel … einige sagen, es sei nur ein Märchen.

Die schöne Safikada

DRAGANA BLAGOJEVIĆ, BOSNIEN-HERZEGOWINA

Sieben kleine verängstigte Kinder stiefelten verzaubert hinter dem Flötenspieler her durch den dunklen Wald. Die Zeit lief und lief und lief, und es was früher Morgen und späte Nacht, als die Kinder vor einem Tor zum Fluss Vrbas standen. Ja, es war einmal, vor sehr langer Zeit, in einer bosnischen Stadt eine Festung namens Kastel. Die sieben kleinen Kinder, die Lotta, Anna, Katia, Lina, Lenz, Jens und Klaus hießen, schauten die große steinerne Burg an. Jetzt hörten sie nicht mehr die Melodie, und auch der Flötenspieler war verschwunden.

„Wo sind wir?", fragte die allerschönste Lotta.

„Und was machen wie hier?", fügte Jens hinzu. Keiner antwortete. Keiner wusste es. So standen sie alle überrascht und schweigend da. Und wie sie so schwiegen, traten eines Augenblicks drei Ratten zu ihnen, die von einer traurigen Frau und einem Flötenspieler sprachen. Sie sprachen so wunderschön, dass Klaus neugierig war, und er fragte die Ratten, was geschehen war und wo sie die beiden finden könnten.

„Hört gut zu: Vor ein paar Jahren lebte hier der kleine Stamm der Lapod. Sie führten mit den Trollen Krieg und weil sie verloren haben, mussten sie ihre Heimat, das Kastel, verlassen. Eine Frau wollte aber nicht gehen, weil sie sich in einen Troll verliebt hatte. Aber sie konnten nicht zusammen sein, weil es eine verbotene Liebe war. Sie weinte und weinte und weinte, bis aus der Flut ihrer Tränen ein Fluss entstand, in dem alle Trolle ertranken und den man später nach den wunderschönen Trauerweiden an seinen Ufern Vrbas nannte."

Das alles ist gegen Mittag geschehen.

„Eine alte Hexe sagte", verrieten die Ratten weiter, „dass sie nur mit Hilfe sieben kleiner Kinder, die das versteckte Wasser trinken sollten, ihren Geliebten wiedersehen könne. Hört gut zu: Lauft gegen Mittag durch das Tor und findet neben einem Brunnen die schöne Safikada. Alle sieben Kinder müssen vom Brunnenwasser trinken, dann wird der Zauber aufgehoben und verschwinden." Die Ratten liefen schnell fort – und die Kinder machten sich auf den Weg.

Sie gingen langsam und aufmerksam. Es war ruhig, es war warm. Plötzlich sahen sie den Brunnen und die Frau.

Es war Punkt zwölf Uhr, und Safikada begann zu weinen. „Oooh, kommt kleine Kinder, rettet meinen Geliebten. Hier ist ein Brunnentopf und das Wasser ist schon darin."

Die Kinder zögerten einen Augenblick, sie wussten nicht mehr, ob sie das Wasser trinken sollten oder nicht. Aber die schöne Safikada war so traurig und hörte nicht auf zu weinen, da nahm die kleine Lena den Topf und trank. Nachdem sie vom Wasser getrunken hatte, kamen von einer Seite die Ratten gelaufen, von der

anderen Vögel geflogen. Als sechs der sieben Kinder getrunken hatten, sollte
die allerschönste Lotta den letzten Schluck austrinken. Und so geschah es. Der
Brunnentopf war leer und plötzlich konnten sie von irgendwoher Musik hören.
Der Flötenspieler kam herbei und verwandelte sich in einen Troll. Den Troll,
in den Safikada verliebt war. Sie hörte auf zu weinen und fiel ihm um den Hals.

„Oh mein Schatz, ich gebe dich nie mehr her
ah mein Schätzchen, ich liebe dich einfach viel zu sehr.
Schon viele Jahrhunderte sind vorbei und es ist klar
ab jetzt bin ich für dich immer da."

Safikada sprach überglücklich zu ihren sieben kleinen Rettern: „Um euch zu danken,
liebe Kinder, gebe ich euch Siebenmeilenstiefel, mit denen ihr nach Hause zurückkehren könnt."

Mit diesen verzauberten Siebenmeilenstiefeln gingen die Kinder sehr schnell,
stiegen über die hohen Berge und durch den finsteren Wald, bis sich am anderen
Ende der Welt der Berg plötzlich öffnete und die Kinder wieder zu Hause in
Hameln waren.

—

Safikada war ein bosnisches Mädchen, das sich in einen österreichischen Soldaten
verliebt hatte. Er diente beim Militär im Kastel und war auch in sie verliebt, aber sie
konnten nicht zusammen sein, weil er in eine andere Stadt gehen musste. Nachdem
er gegangen war, bekam Safikada einen Brief, in dem stand, dass er irgendwo in
Fernost gefallen war. Die todunglückliche Safikada stellte sich vor eine der Kanonen
des Kastels, mit denen täglich um zwölf Uhr geschossen wurde, und nahm sich so,
da niemand sah, welch wunderschönes Mädchen vor der Kanone stand, das Leben.
Verona hat Romeo und Julia und Banjaluka hat Safikada.

Die Zauberlehrlinge und die Elfenkönigin

ÁRNÝ STELLA GUNNARSDÓTTIR, ISLAND

Der Rattenfänger schuf durch Magie viele Tunnel in den Bergboden und schickte die Kinder durch die Tunnel, immer drei zusammen, bis ihm nur zwei zurückblieben. Die Tunnel führten zu den Kollegen des Rattenfängers, die in allen Ländern der Welt lebten, und die genauso magisch waren wie er. Sie würden die Kinder ihre eigene Art der Magie lehren und sie zu gut erzogenen Hexen und Zauberern machen. Der Rattenfänger selbst nahm die letzten zwei Kinder, die Geschwister Hans und Lieschen, als Lehrlinge. Auf dem Weg nach Hamburg erzählte er ihnen seine Geschichte.

Sein Name war Sæmundur fróði[1] und er war ein Zauberer aus Island. Er hatte erst sein Zauberstudium an der Schwarzen Schule im Schwarzwald abgeschlossen und begab sich nun auf die Reise nach Hamburg, von wo er ein Schiff nach Island nehmen wollte. Als er in Hameln rastete, wurde ihm das Rattenproblem bewusst, und weil er wenig Geld hatte, half er den Bewohnern Hamelns gegen eine kleine Belohnung. Die Leute dort hatten ihm aber kein Geld gegeben, und weil sie so perfide und eigennützig waren, hatte Sæmundur ihre Kinder weggenommen, damit diese von anderen Menschen bessere Sitten lernen würden.

---

[1] Sæmundur der Gelehrte war ein mittelalterlicher Priester, der schwarze Magie in der Schwarzen Schule im Schwarzwald gelernt haben soll. Es gibt viele Volkssagen in Island über Sæmundur, in denen er den Teufel zum Narren hält, und er wird oft der isländische Faust genannt.

Lieschen und Hans blieb keine andere Wahl, als mit dem merkwürdigen Zauberer nach Island zu reisen. Dort brachte er ihnen die dunkle Art der isländischen Magie bei, ließ sie auf seinem Hof arbeiten, kümmerte sich um sie und liebte sie wie seine eigenen Kinder. Er lehrte sie Isländisch und das Lesen der Buchstaben und Runen. Als etwa sechs Jahren verflossen waren und die Kinder alt genug waren, nahm Sæmundur Hans mit zum Althing, während Lieschen auf das Haus aufpasste. Weil Lieschen nun das erste Mal allein zu Hause war, langweilte sie sich sehr. Um sich die Zeit zu vertreiben, begann sie in den Truhen und Kisten ihres Ziehvaters zu kramen. Sie fand eine Pfeife, stopfte sie mit Heu und zündete sie an. Der Rauch wurde dicker und dunkler, bis er zu einem Dämon wurde, der so fürchterlich grinste, dass Lieschen vor lauter Schreck die Pfeife auf den Boden fallen ließ.

„Welche Probe hast du für mich, Mädchen?" fragte der Dämon. „Keine Aufgabe ist mir zu schwierig. Und weil du nur so klein bist, werde ich dir drei Versuche geben. Wenn du dir nämlich keine Probe ausdenken kannst, mit der ich nicht klarkomme, dann fresse ich dich."

Lieschen konnte vor Furcht kaum reden. So ein schreckliches Wesen hatte sie nie in ihrem Leben gesehen. Sie zögerte aber nicht lange, und weil sie ein kluges Mädchen war, dachte sie sich schnell eine Probe aus.

„Geh und finde hundert vierblättrige Kleeblätter," sagte sie. Der Dämon lachte eisig und verschwand in die Luft. Nach allzu kurzer Zeit erschien er wieder und ließ hundert vierblättrige Kleeblätter auf den Boden fallen.

Lieschen sah, dass das Lösen solcher kindischen Proben gar nicht schwierig für den Dämon war. Sie überlegte lange und sagte: „Finde einen ‚Skuggabaldur', zähme ihn und bring ihn her als mein ewig treues Begleit-Tier." Lieschen lächelte siegessicher. Ein Skuggabaldur war eine wilde Bestie, eine riesige Katze die Kinder fraß, und die keiner zähmen konnte. Der Dämon lachte jedoch noch lauter als zuvor, verschwand in die Luft, und nachdem er nur wenig länger als bei der ersten Aufgabe weg gewesen war, erschien er wieder mit einem Skuggabaldur in den Händen, den er auf den Boden fallen ließ. Der Skuggabaldur musterte Lieschen eine Weile, leckte sich die Pfote und kämmte sich das Fell hinter die Ohren, ging dann zu ihr und rieb sich an ihren Füßen, zahm und freundlich wie eine Hauskatze.

Lieschen wurde jetzt kreidebleich und überlegte so todesmutig wie nie zuvor. Der Dämon sah sie mit zynischem Grinsen an und leckte sich gierig die Reißzähne. Das Mädchen dachte an ihren Ziehvater und seine dumme Pfeife. Und dann bekam sie eine Idee.

„Geh und bring mir die Zauberflöte meines Vaters," sagte Lieschen.

Der Dämon glotzte. „Nichts sonst?" fragte er verblüfft.

„Nein," sagte Lieschen. „Sonst nichts."

Der Dämon schüttelte den Kopf. „Du schätzt dein Leben nicht so sehr, wie ich dachte," bemerkte er, bevor er als schwarzer Rauch in die Luft verschwand. Lieschen wartete in kaltem Schweiß. Ihr Ziehvater hatte seine Zauberflöte immer bei sich, und wenn irgendwer den Dämon besiegen könnte, dann er. Die Zeit verrann und der Dämon kehrte nicht zurück. Lieschen streichelte den Skuggabaldur froh.

„Sollen wir gucken, ob wir nicht ein bisschen Milch für dich finden, meine kleine Mitzi?" sagte sie zur Bestie. Mitzi miaute zur Zustimmung, ohne sich in geringstem über ihren neuen Name zu beschweren.

Sæmundur und Hans ritten während dessen nach Þingvellir zum Althing. Als sie sich im Hochland ein Quartier für die Nacht suchten, kam ein Dämon wie ein Blitz aus heiterem Himmel und griff sie an. Hans hatte so schreckliche Angst, dass er so weit weg vom Kampf rannte, wie er nur konnte. Er hielt erst dann an, als er die Kampfschreie seines Ziehvaters und das schauderhafte Lachen des Dämons nicht mehr hörte. Dann hatte er sich verlaufen. Bang und hungrig irrte Hans in der

Hochebene umher. Die helle Sommernacht verlieh ihm nur wenig Beruhigung.

Nach einigen Stunden sah er einen großen Stein, der offen stand, und aus dem ein herrlicher Essensduft verlockend strömte. Hans sah dies als ein offenes Angebot und ging in den Stein rein. Er wurde von einer kleinwüchsigen Elfin empfangen, die ihn essen ließ so viel er wollte, und ihm dann ein warmes Bett bereitete. Sie streichelte seine Haare, während er einschlief. Als Hans am nächsten Morgen erwachte, zeigte die Elfin ihm den Weg zurück zu seinem Ziehvater.

„Der Kampf ist vorbei," sagte sie. „Der Dämon ist weg."

„Wie kann ich dir's vergelten?" fragte Hans. Die Elfin lächelte.

„Besuche mich mal im Elfenreich," sagte sie. „Ich bin Hildur." Die Elfin erzählte Hans wie er jederzeit das Elfenreich besuchen konnte. Dann verabschiedeten sie sich.

Nach der Sache mit dem Dämon schärfte Sæmundur den Geschwistern die vielen Gefahren der Welt ein und bat sie darum, nie wieder in seinen Sachen herumzuschnüffeln. Sie versprachen, dies niemals zu tun.

Hans besuchte Hildur immer, wenn er sich unbeobachtet aus dem Haus fortstehlen konnte. Er hatte sich in sie verliebt und hatte außerdem herausgefunden, dass sie keine normale Elfin war, sondern die Königin der Elfen, die ihn seit seiner Ankunft in Island beobachtet hatte und seit langem in ihn verliebt war.

Drei Jahre nachdem Hans seine Elfenkönigin getroffen hatte, kam sie zu ihm mit einer beunruhigten Miene. „Es geht um deine Schwester," sagte sie. „Sie beraubt unser Volk, plündert ihnen den ganzen Hausrat und schändet ihre Häuser."

„Ich werde mit ihr reden," sagte Hans.

ÁRNÝ STELLA GUNNARSDÓTTIR, ISLAND

Hans fand seine Schwester auf einem Felsen sitzend. Sie starrte über das bewegte Meer in Richtung Hameln.

„Sehnst du dich auch nach Zuhause?" fragte sie, als Hans sich neben sie setzte.

„Nein," sagte er. „Meine Heimat ist hier."

„Ich mag dieses Land nicht," sagte Lieschen. „Man kann sich hier vor lauter Bestien kaum bewegen."

„Nicht alle magischen Wesen sind Bestien," sagte Hans sanft.

Lieschen lächelte kalt. „Das glaube ich nicht," sagte sie. „Das Leben war besser in Hameln. Sogar mit den Ratten."

„Das glaubst du nicht wirklich," sagte Hans. Er bat Lieschen, zmindest die Elfen in Ruhe zu lassen.

Lieschen lachte nur und sagte, dass die Elfen ihre Sympathien nicht erobert hätten und es nie tun würden. „Ich habe eine todsichere Methode gefunden, um sie zu ärgern," sagte Lieschen mit einem bösen Blick in den Augen.

Während der Mittsommernacht müssen die Elfen umherziehen, und wenn man dann auf einer Kreuzung sitzt, über die sie reisen müssen, bieten sie jeden Schatz dafür an, dass man sich aus ihrem Weg bewegt. Wenn man zu allen ihren Geboten nein sagt und am Ende der Morgen graut, verschwinden die Elfen und alle ihre Schätze gehören dem geduldigen Kreuzungssitzer.

Lieschen hatte dies drei Jahre lang getan, und dazu auch die Hügel- und Steinhäuser der Elfen mit Steinen beworfen.

Als Hans diese Geschichte hörte, schwieg er lange und dachte nach. Nach dem Ereignis mit dem Dämon hatte seine Schwester begonnen, alle magischen Wesen zu hassen. Sie tat alles, um ihnen das Leben schwer zu machen. Sie tötete Unmengen von „Nykur", Frischwasserpferde, die Kinder auf ihre Rücken lockten und sie dann in einem See ertränkten, und führte auch gerne Nachttrolle auf Umwege, bis die Sonne sie fand und sie zu Stein wurden. Kein magisches Wesen war sicher, so lange Lieschen in Island war.

Als Hans seiner geliebten Elfenkönigin von der Überzeugung seiner Schwester erzählte, schrie sie wütend auf.

„Dieses Mädchen ist gefährlich!", brummte sie. „Sie muss getötet werden. Bring mir ihr Herz, sonst bist du nicht mehr willkommen im Elfenreich."

Hans versuchte alles, um seine Geliebte zu überzeugen, dass seine Schwester leben sollte. Hildur ließ nicht nach. Tief seufzend stimmte Hans zu. Er liebte Hildur zu sehr, um einer einzigen ihrer Bitten nicht stattzugeben. Er würde also seine Schwester töten. Gott verzeihe ihm!

Als Hans aber in der Nacht mit einem scharfen Dolch vor seiner schlafenden Schwester stand, sah er, dass er sie niemals würde töten können. Er weckte sie und erklärte ihr die Lage. Sie müsse das Land verlassen und nie wieder zurückkehren. Lieschen zweifelte nicht an seinen Gründen. Sie packte in aller Eile, umarmte Hans zum Gruß und verließ das Haus ihres Ziehvaters. Sie würde wahrscheinlich nach Hameln zurückkehren. Hans vermutete, dass er sie nie wieder sehen würde und das brach ihm das Herz. Er aber liebte die Elfenkönigin zu sehr, um seine Taten zu bereuen.

Um Hildur zu befriedigen tötete Hans einen Nachttroll und entnahm ihm das Herz. Er kam in derselben Nacht zum Elfenreich und gab Hildur das noch warme Herz. Sie jauchzte und sagte zu Hans, dass sie ihn nun heiraten könnte, weil er nun ein Held wäre, der das gesamte Elfenreich gerettet hätte. Hans würde sie ein ewiges Leben schenken und er würde für immer an ihrer Seite bleiben und mit ihr das Reich der Elfen regieren. Hans war so erfreut, dass er kaum reden konnte. Hildur entschloss sich, schon am nächsten Morgen Hochzeit zu halten. Als aber der Morgen kam und die Strahlen der Sonne das Nachttrollherz berührten, wurde es zu Stein, und die Elfenkönigin sah, dass Hans sie betrogen hatte.

Wütend verhexte sie ihren Liebhaber. Hans ward zu einem Raben, der trotz aller Magie der Welt nicht mit Menschen kommunizieren konnte, und er würde ein Rabe bleiben, bis er der Elfenkönigin das echte Herz seiner Schwester bringen würde.

Verzweifelt suchte Hans seine Schwester auf und fand sie in Hameln. Trotz all seiner Versuche erkannte sie ihn nicht.

Sie streichelte aber seine Federn und sagte: „Du erinnerst mich an meinen Bruder. Du sollst Hans heißen, wie er. Du kannst hier bleiben, wenn du möchtest."

ÁRNÝ STELLA GUNNARSDÓTTIR, ISLAND

Hans blieb. Er blieb sein ganzes Leben ein unheimlich kluger Rabe, der lesen konnte und die menschliche Sprache verstand, an der Seite seiner Schwester, ohne dass sie wusste, dass er ihr Bruder war. Er half ihr, die klügste und mächtigste Hexe in Europa zu werden und begleitete sie auf ihrer Suche nach den anderen Kindern aus Hameln, die als Zauberlehrlinge in der ganzen Welt verstreut waren. Als Lieschen und der Rabe Hans alle Kinder gefunden hatten, zogen sie in den Berg ein, in den der Rattenfänger sie geführt hatte, und gründeten dort den Zauberbund, der allen Zauberern und Hexen ein gerechtes und freies Leben sichern sollte.

Sæmundur erfuhr nie, was seinen Lehrlingen passiert war, und traf sie auch nicht wieder. Er bekam neue Lehrlinge und wurde einer der mächtigsten Zauberer in Island. Mitzi, Lieschens Skuggabaldur, blieb in Island zurück und wurde von einer Trollfamilie adoptiert. Als diese Familie ihren Familienbetrieb als Weihnachtslegende startete, wurde Mitzi in Weihnachtskatze umbenannt und bleibt bis heute der einzige zahme Skuggabaldur der Welt.

So endet die Geschichte über die Zauberlehrlinge und die Elfenkönigin. Und wenn sie nicht gestorben sind, dann leben sie noch heute.

Die absonderliche Stadt

NOÉMIE SMITH, GROSSBRITANNIEN

Als die Kinder der kleinen Stadt Hameln aus der schwarzen Erdspalte kamen, wurden sie illuminiert – eben verblendet – durch die Wärme und die Helligkeit des Sonnenlichtes. Sie fanden sich in einer absonderlichen Stadt wieder, voller mittelalterlicher Hofräume, Bogengänge und hoch aufragender Spitztürme. Große Tore ragten aus der Erde, Eingänge zu einem aufwändigen Geflecht schmaler Korridore und friedlicher Gärten. Der Klang brüllender Orgeln schwebte durch jede Ecke der Stadt, mit der intermittierenden Kakophonie klappernd, und Glockenspiele und schrille Lacher junger Schüler unterstreichend. Die Straßen waren voller Altphilologen in langen, schwarzen Kleidern: unter Torbögen, durch lange Alleen und über breite Brücken, die über die glitzernden Gewässer eines schönen Flusses führten. Der Fluss war hinter allerlei Bäumen verborgen: graziöse Weiden, stolze Eichen, ruhige und gelassene Ulmen. Mitunter glitten lange, enge Boote unter den Brücken dahin, die von starken Männern mit langen, hölzernen Stangen gesteuert wurden.

Der Rattenfänger, der noch so schön auf der Flöte spielte, führte die springenden Kinder durch das größte Tor hinein in einen geräumigen Hof, der von palastartigen Bauwerken gesäumt war. Mitten in dem Hof gab es einen königlichen und majestätischen Brunnen, der das ganze Kollegium mit dem Geräusch von Quellwasser füllte.

Als die Kinder den Hof betraten, stürmte eine Armee von tausend Ratten vor. Das knallartige Geräusch ihrer Pfoten auf der kalten Pflasterung erschlug

NOÉMIE SMITH, GROSSBRITANNIEN

die verlockende Melodie der bezaubernden Flöte wie das Geräusch tausender Schlagzeuge. Und ohne weiteres hielt die Musik an und wurde der Zauber gebrochen.

Unverzüglich verschwand der böse Rattenfänger. Und die kleinen Tiere machten auf dem Absatz kehrt und sprangen in die magische Fontäne. Die perplexen und verwirrten Kinder liefen hinter den tausend Ratten her, hinein in das glitzernde Gewässer.
    Und dann, wie durch ein Wunder, als ob niemals etwas passiert sei, fanden sie sich in ihren kleinen Betten wieder, warm und fest eingewickelt. Es war Abend, und durch die geöffneten Fenster, hörten sie das einsame Klagelied einer Nachtigall, zurückstrahlend in der gläsernen Spiegelung des Mondenscheines.
    Und bis heute weiß kein Kind, in allen Häusern in Hameln, ob der Rattenfänger, die geheimnisvolle Stadt, die Armee von tausend Ratten und der königliche und majestätische Brunnen nichts anderes als ein Traum waren.

Der richtige Weg

JULIJA SAWITSCH, BELARUS

Als sich die Höhle öffnete, wurden alle Kinder von einem wunderbaren Glanz geblendet. Das Licht kam von der wundersamen Stadt namens Negmeln. Langsam gingen die Kinder dorthin. Als sie dort ankamen, entdeckten sie, dass alles ungewöhnlich war: alle Häuser sahen wie Burgen reicher Burgherren aus und waren so hoch, dass sie fast bis an die Wolken zu reichen schienen, jedoch Blumen und Bäume suchte man vergebens. Die Einwohner dieser Stadt aber waren überraschend klein. Und alle waren sehr schön und freundlich.

Sobald sie die Kinder bemerkten, liefen sie zusammen und fingen an, sie darüber zu befragen, wer sie denn seien, was mit ihnen geschehen sei und was sie hierher verschlagen habe. Nachdem sie über ihr seltsames Erscheinen berichtet hatten, baten die Kinder die Menschen, ihnen den richtigen Weg nach Hause zu zeigen. Aber die Bewohner kannten den Weg nicht und wussten keinen Rat und keinen anderen Ausweg, als sie zu einem alten Mann zu führen, der ganz allein in einer Burg lebte.

Schon am nächsten Morgen jedoch dachte fast kein Kind mehr daran, nach hause zu gehen. Sie hatten viel Spaß beim Spielen im Garten, sangen und tanzten. So verging die Zeit und den Kindern wurde es nicht langweilig. Sie hatten immer noch Spaß und dachten nicht daran, zurückzukehren.

Nur ein Kind verhielt sich anders. Das war Dizelm, der vom ersten Tage an, seit die Kinder auf dem Schloss waren, neben dem alten Mann saß, dem das Schloss gehörte, und mit ihm sprach.

Dem Alten gefiel der Junge und so erzählte er ihm von einem geheimnisvollen Wald, in dem ein Baum stünde, der alle Wünsche erfülle. Doch als Dizelm ihn fragte, wie dieser Baum zu finden ist, lächelte der Alte nur geheimnisvoll und verschwand plötzlich und ward nicht wieder gesehen.

Verwundert ging Dizelm in diesen Wald. Er ging die Pfade entlang und suchte den geheimnisvollen Baum, von dem der alte Mann gesprochen hatte, doch konnte er ihn nicht finden.

Vom vielen Laufen müde, setzte er sich neben eine mächtige Eiche zur Ruh und schlief ein. Und träumte von einer Fee in einem schönen rosa Kleid, die in der Hand einen Zauberstab hielt. Ohne ein Wort zu sagen, reichte sie Dizelm eine blaue Rose. Und ebenso geheimnisvoll, wie sie erschienen ist, verschwand sie wieder, und es blieb nur ein Silberstreif übrig.

Dizelm erwachte. Es war schon Morgen. Er sah sich um und entdeckte nicht weit entfernt etwas Glänzendes. Es war seltsamerweise wie im Traum eine blaue Rose. Er nahm sie vorsichtig an sich und überlegte, ob sie ihm wohl helfen könnte, wieder nach Hause zu gelangen.

Und wieder streifte der Junge einen ganzen Tag durch den Wald und fragte sich, was er wohl noch tun könne. Plötzlich bemerkte er, dass die wunderbare Rose zu welken begann. Traurig darüber, grub er ein kleines Loch, um sie zu begraben. Aber sowie er das tat, bedeckte sich der Boden plötzlich mit Eis, das einen Weg bildete und noch tiefer in den Wald führte, wohin sich Dizelm vorher noch nicht gewagt hatte.

JULIJA SAWITSCH, BELARUS

Ohne lange zu überlegen, ging der Junge mutig diesen Weg. Der Weg wurde lang und länger und unterwegs traf Dizelm eine Menge seltsamer Kreaturen. Da gab es Käfer so groß wie eine Hand, Vögel mit großen Schwingen und Ratten mit langen Schwänzen. Aber all diese schrecklichen Tiere, so bedrohlich sie auch fauchten, zischten und ihre scharfen Zähne zeigten, griffen den Jungen aus irgendeinem Grund nicht an. Und die Bäume erst! Wie Angst einflößend sie nur aussahen. Sie neigten ihre Zweige bis zu Dizelm, als ob sie ihn fangen und dann verschlingen wollten. Der Junge versuchte, seine Angst zu bändigen und sein Auge nicht auf all die schaurigen Erscheinungen zu richten. Er lief, so schnell es ging, und suchte den Weg nach Hause zu finden.

Plötzlich bemerkte er zuerst einen Schatten und dann eine Figur. Vor ihm stand plötzlich der Rattenfänger. Wortlos lud er Dizelm ein, ihm zu folgen. Nach einer Weile, als sie so schweigend daher gegangen sind, tat sich vor ihnen ein wunderschönes Schloss auf, welches, zu Dizelms großem Erstaunen, über und über mit blauen Rosen übersät war. Diese Rosen waren von betörendem Geruch, so dass Dizelm nichts anderes wollte, als wenigstens nur einmal an einer zu riechen. Aber sobald er es zu tun versuchte, hielt ihn der Rattenfänger zurück und sagte, dass er besser nicht daran riechen sollte, denn es seien besondere Rosen. Dizelm war ein gehorsames Kind und hörte auf den Ratschlag.

Als sie nun jedoch in den größten Raum dieses riesigen Schlosses gelangten, begann der Rattenfänger den Jungen zu fragen: „Was bringt dich denn, mein junger Freund, zu dieser Stunde zu mir?"

„Ich bin auf der Suche nach dem Weg nach Hause, in meine Heimatstadt Hameln."

„Und was ist es, das dich nach Hause zieht?"

Dizelm dachte einen Augenblick nach und antwortete dann, dass dort sein Heimathaus stehe, in dem seine geliebten Eltern leben.

„Wenn es denn dein Wunsch ist, nach Hause zurückzukehren, so werde ich dir diesen Wunsch erfüllen, wenn du meine drei Fragen richtig beantworten kannst. Ebenso können dann alle anderen Kinder nach Hause gehen." Der Rattenfänger fügte jedoch hinzu, dass, wenn der Junge diese Fragen nicht beantworten kann, er sich in eine dieser schönen Rosen verwandeln werde.

Dizelms Mut war aber ebenso groß wie sein Heimweh, so dass er sich einverstanden erklärte. Und so hörte er die erste Frage.

„Mein lieber junger Freund, sag mir, warum darf man die Rosen nicht berühren? Du hast nur eine Minute die richtige Antwort zu finden."

Dizelm konnte zuerst nicht verstehen, was an diesen Rosen Besonderes ist. Er näherte sich ihnen und betrachtete sie aufmerksam. Die Rosen sahen prächtig aus, aber darüber hinaus konnte er nichts Auffallendes bemerken. Bei näherer Betrachtung jedoch sah er, dass unter ihnen der Boden mit Eis bedeckt war. Jetzt war er sich sicher, dass er die Antwort wusste.

„Nun", fragte der Rattenfänger, „kannst du mir eine Antwort geben?"

„Ja", sagte Dizelm. „Ihre Rosen haben eine solche Macht, dass, wer einmal mit ihnen in Kontakt kommt, sofort zu Eis gefriert."

„Du hast das Geheimnis der Rosen erraten, jedoch warten auf dich noch zwei weitere Fragen. Die zweite Frage lautet: Welcher der Bäume im Zauberwald ist der Baum, der Wünsche erfüllt?"

Dizelm antwortete ohne zu zögern, dass es sich um eine mächtige Eiche handeln müsse. Er war sich sicher, weil er unter dieser Eiche rastete und schlief, wobei er seinen wundersamen Traum hatte.

„Nicht schlecht. Aber die dritte Frage wirst du doch nicht beantworten können. Also, sag mir, was ist das kostbarste und wertvollste auf der Welt?"

„Die Eltern", antwortete der Junge, „da bin ich mir sicher."

Überrascht von der richtigen Antwort, blieb dem Rattenfänger nichts weiter übrig, als dem Jungen seinen Wunsch zu erfüllen.

Der Rattenfänger und Dizelm gingen sodann gemeinsam in die Stadt, wo die anderen Kinder sie schon erwarteten.

Als Dizelm sie sah, war er sehr überrascht. Alle Kinder hatten ihre Fröhlichkeit verloren und saßen nur traurig da. Kein Kind tanzte mehr und niemand sang. Die Kinder sehnten sich doch sehr nach ihren Eltern und ihrer Heimat und träumten von ihrer Rückkehr.

Und also geschah es, dass der Rattenfänger seine Zauberflöte hervorzog und eine wunderschöne Melodie zu spielen begann. Und wieder folgten ihm die Kinder tanzend.

JULIJA SAWITSCH, BELARUS

Als sie jedoch in ihrer Heimatstadt Hameln ankamen, trafen sie ihre Eltern mit traurigen Gesichtern an. Seit dem Verschwinden der Kinder war die Stadt von Dunkelheit und Schwermut erfüllt. Als man aber die Kinder erblickte, kannten das Glück und die Freude keine Grenzen. In Hameln kehrte wieder die Sonne ein.

Damit hätte es enden können. Die Hamelner jedoch gingen zum Rat und forderten, den Rattenfänger für seine Großherzigkeit großzügig zu entlohnen. Diesmal wagte niemand ihn zu betrügen, und so ging der Rattenfänger mit so viel Gold, wie er nur tragen konnte.

Und damit ist die Geschichte nun aber wirklich zu Ende.

Falsche Freunde

KOFFI EMILE ODOUBOU, TOGO

Eines Tages, als die Sonne hoch am Himmel stand, kam ein europäisches Kind aus dem Berg Agou[1] heraus. Das Kind erschien genau an der Stelle, an der Ugba[2], der Gorilla, und Agama[3], das Chamäleon, vorbeigingen. Als sie dem kleinen Europäer begegneten, waren sie sehr erstaunt. Schließlich akzeptierten sie ihn als ihren Freund und nannten ihn Yovo[4]. Danach gingen sie zusammen spazieren.

Sie gingen bis zu einem Feld, auf dem viele Kokospalmen standen, aus denen Wein abgezapft wurde.

Plötzlich hielt Ugba an und wollte den Wein, der sich in Töpfen befand, trinken. Seine Freunde versuchten, ihn daran zu hindern, weil der Besitzer sie erwischen könnte. Aber da der Gorilla störrisch war, sagte er ihnen: „Seid nicht so ängstlich; wartet! Falls der Besitzer uns fängt, trage ich allein die Verantwortung. Ich schwöre bei meinen Ahnen."

So warteten Agama und Yovo und sahen dabei zu, wie ihr Freund sich betrank.

Plötzlich, als das Kind aus Hameln auch den Wein probieren wollte, erschien ein zorniger Mann mit einer großen Keule in der Hand – der Besitzer der Palmen.

---

1 Agou: der höchste Berg in Togo
2 Ugba heißt Gorilla auf Akposso, einer südosttogoischen Sprache.
3 Agama heißt Chamäleon auf Ewe, einer südtogoischen Sprache.
4 Yovo bezeichnet einen Europäer oder eine Europäerin auf Mina, einer südtogoischen Sprache.

Unerwartet spielte Ugba den Unschuldigen und sagte: „Ich habe nichts getrunken. Wir sollten alle ein paar Schritte gehen, damit Sie den Dieb entdecken, da er betrunken sein und torkeln wird."

Als das Chamäleon wie gewöhnlich schwankend vorwärts ging, wurde es hart geschlagen. Hätte das Kind nicht geweint und den Besitzer nicht um Gnade gebeten, wäre Agama getötet worden.

Trotz Agamas Zorn auf seinen Freund Ugba setzten sie gemeinsam ihren Spaziergang fort.

Am Ende des Tages stießen sie auf einen Bauernhof, zu dem eine riesige Kornkammer voller Mais gehörte. Die Bauern waren abwesend. Deshalb legte sich Ugba hin und schlief im Zimmer der Bauern. Agama und Yovo kochten etwas Mais für das Essen. Danach brannte Agama, ohne einen Grund zu nennen, die Kornkammer nieder. Als die Bauern zurückkehrten, lag schon alles in Asche. Sie waren sehr wütend auf Yovo und seine Freunde.

Schnell verteidigte Agama Yovo und sich selbst: „Bitte. Schauen Sie mal! Wenn ich das getan hätte, wären meine Handflächen schwarz geworden. Schauen Sie auch die meiner Freunde an!" Da Ugba schwarze Handflächen hatte, schlugen ihn die Bauern, bis er nicht mehr stehen konnte.

Yovo aber war dieser Rachegeschichten müde und entschied sich, bei den Bauern zu bleiben, die ihn als ihr eigenes Kind aufnahmen. Die anderen, der Gorilla und das Chamäleon, gingen jeder seinen Weg.

Die sieben Brüder und Kappa, ihr treuer Freund

SASHA HABJOUQA, JORDANIEN

Als der Berg sich öffnete, war der Zauber gebrochen. Die Kinder sahen viele Wege. Sie hatten Angst und wussten nicht, was sie machen sollten. Die Kleinen fingen an zu laufen.
Es gab unter ihnen auch sieben Brüder, die zusammenblieben.
Diese Brüder gingen zusammen einen Weg entlang. Es war kalt und fast dunkel. Sie wünschten sich, dass ihr Hund dabei wäre. Der Hund Kappa war ihr treuer Freund. Der Weg war sehr lang, aber es gab keine andere Möglichkeit. Sie beschlossen, sich unter einen Baum zu setzen. Sie waren sehr müde und hatten einen Bärenhunger. Sie konnten nicht mehr laufen.

Da sahen sie einen großen Apfelbaum, unter dem sie ein bisschen ruhen und Äpfel essen konnten.

Es war schon dunkel. Sie saßen nebeneinander in einem Kreis. Plötzlich hörten sie ein Geräusch. Sie hatten richtig Angst und konnten nicht mehr atmen. Es gab niemanden in der Nähe. Das Geräusch war nicht laut, aber sehr nah. Ein kleines Tier kam zu ihnen. Das war Kappa! Sie waren sehr glücklich, dass Kappa sie fand. Sie wussten nicht, wie Kappa ihnen folgen konnte! Weil sie sehr müde waren, schliefen alle schnell ein, und Kappa bewachte sie.

Der nächste Tag war sonnig, und sie hatten sich ein bisschen erholt.
Der jüngste Bruder sagte mit Tränen in seinen Augen: „Ich will zurück nach Hause."
Ein anderer sagte: „Was machen wir jetzt?"
Die zwei ältesten Brüder sahen einander in die Augen. Der Älteste sagte: „Habt keine Angst! Wir sind alle zusammen und das bleiben wir auch. Wir können jetzt

SASHA HABJOUQA, JORDANIEN

nicht nach Hause gehen. Das ist ein ganz neuer Ort, bestimmt ist das eine andere Stadt. Wir gehen irgendwohin, bis wir Menschen finden, die uns helfen können."

Sie gingen und gingen – drei Tage lang und endlich fanden sie ein kleines Dorf. Die Leute dort sahen sehr nett und freundlich aus. Einer fragte sie, wer sie seien und wie sie hierher gekommen wären.

Die Kleinen hatten Angst davor, dass niemand ihnen glauben würde, wenn sie ihre Geschichte erzählten. Der Älteste sagte: „Wir sind sieben Brüder. Unsere Eltern starben vor langer Zeit, und wir leben alle zusammen. Wir haben uns verlaufen und wissen nicht mehr, wo wir sind."

Die Leute sagten den Kindern, dass sie in diesem Dorf herzlich willkommen seien.

Das Leben auf dem Land war ganz anders als das Leben in der Stadt. Auf dem Land wohnten die Menschen in kleinen Hütten und arbeiteten auf eigenen Feldern. Die Kinder wollten dort bleiben und haben sich mit den Menschen sehr gut verstanden.

Die Kleinen waren bald keine Kinder mehr, und Kappa blieb die ganze Zeit bei ihnen. Alles schien sehr schön zu sein, und das Leben war ruhig, bis eines Tages ein großes Feuer im Dorf ausbrach und alle grünen Bäume und Pflanzen schwarz wurden. Es war katastrophal.

Das Problem war, dass das Feuer die Schuld eines Bruders war, des jüngsten.

Als die Leute es herausfanden, waren sie sehr wütend und wollten ihn umbringen. Die Brüder wollten ihn schützen und stritten mit den Menschen. Sie waren aber nur eine kleine Gruppe, nur sieben mit einem Hund gegen alle Leute im Dorf.

Die Brüder wussten nicht, was sie machen sollten und liefen mit Kappa schnell weg, weil die Leute sehr sauer waren. Sie liefen und liefen, bis sie eine Höhle fanden. Sie gingen schnell hinein und versteckten sich in einer dunklen Ecke. Sie hatten Angst davor, dass die Leute sie finden würden.

Nach ein paar Stunden schliefen sie ein, weil sie sehr müde waren. Kappa schlief an der Tür, um die Brüder zu bewachen.

Am nächsten Morgen war alles anders. Der Älteste wollte etwas zu essen holen, denn alle hatten Hunger. Doch die zwei Jüngsten gingen zusammen mit Kappa los, um etwas zu essen zu holen. Sie waren aber sehr überrascht: Es gab viele komische Maschinen, die Menschen sahen ganz anders aus und konnten ihre Sprache nicht verstehen. Sie gingen zur Höhle zurück und sagten ihren Brüdern, was sie gesehen hatten. Das war nicht mehr ein Dorf, sondern eine große Stadt. Die Menschen trugen verschiedene Kleidung mit Farben. Es war wirklich komisch, dass alle anderen Menschen so anders aussahen. Die Stadt hatte neue Gebäude, die sie nie zuvor in ihrem Leben gesehen hatten.

Sie gingen jetzt alle zusammen mit Kappa in die Stadt. Es gab viele Leute auf der Straße. Sie guckten die Brüder geheimnisvoll an! Sie wussten aber nicht, warum. Sie fanden ein großes Haus, vor dem viele Leute standen. Sie fanden es sehr interessant, dass viele Leute zusammen in einem Haus waren. Sie wollten unbedingt wissen, warum sie dort waren. Sie gingen in dieses große weiße Haus. Alle Menschen standen in Reihen, ganz ordentlich. Ein Mann stand vorne, den Leuten gegenüber. Er sagte ihnen etwas, aber die Brüder konnten seine Sprache nicht verstehen. Sie gingen aus dem Haus und fanden Kappa. Er wartete auf sie.

Unverhofft fing Kappa an zu sprechen. Er übersetzte, was der Mann sagte. Sie konnten ihn noch hören, weil seine Stimme sehr laut war! Kappa sagte, dass dieser Mann eine Geschichte von einer kleinen Gruppe von sieben Brüdern erzählte. Diese sieben Brüder schliefen mehrere hundert Jahre lang in einer Höhle, die in der Nähe lag. Diese Brüder kamen in diese Stadt, weil ihnen in der Vergangenheit etwas Seltsames passiert war.

Plötzlich hörten sie die Stimme des Mannes in einer schönen Melodie. Sie konnten dann verstehen, was er sagte. Das war ihre Geschichte, die in einem heiligen Buch stand. Sie wussten nun, dass sie diese Gruppe waren, die hunderte von Jahren in der Höhle geschlafen hatte.

Sie gingen zusammen fort. Sie wollten nichts mehr hören. Als sie auf der Straße waren, sahen sie einen Mann mit einem Musikinstrument. Sie konnten sich sehr gut daran erinnern. Dieses Instrument hatten sie irgendwo schon einmal gesehen! Der Mann spielte das Instrument und sie erkannten, dass sie, als sie Kinder waren, einem Musiker hinterhergelaufen waren. Sie waren sehr überrascht, dass sie die Kleinen von Hameln waren, die mehrere hundert Jahre lang in einer Höhle geschlafen hatten.

Die Zaubermurmel

THUY NGAN VU, VIETNAM

Die Kinder gingen dem Rattenfänger wie Schlafwandler nach. Sie gingen bis zum tiefen Wald, wo sich eine große Höhle auf dem Berg befand. Die Höhle stank ganz stark nach Wein. Der Rattenfänger nahm eine Weinflasche und fing an zu trinken. Er schaute voller Hass auf die Kinder. Er sagte: „Ich bin sicher, eure Eltern feiern, weil es keine Rattenplage mehr in der Stadt gibt. Aber ich werde euch in schmutzige Ratten verhexen!" Er nahm sein kleines, silbernes Pfeifchen und blies darauf. Anstatt zu weinen, machten alle Kinder nur „piep, piep" wie Ratten. Dann sperrte er sie in einen Käfig.

Während die armen Kinder zu Ratten verhext wurden, war es in Hameln ganz ruhig. Manchmal konnte man jemanden weinen hören. Das war eine ganz schlimme Katastrophe. Die Familie Müller hatte Glück, dass ihre Kinder – der neunjährige Johann und die sechsjährige Johanna – noch in Hameln waren. Mit Fieber hatten sie im Schlaf im Bett gelegen und gar nichts gehört. Obwohl es ihnen besser ging, fanden sie es furchtbar traurig.

    Die kleine Johanna klagte: „Ich vermisse Dennis."

    „Johanna, sollen wir sie suchen und sie zurück bringen?", fragte Johann.

    Johanna sprang vor Freude auf und rief: „Ja warum nicht? Wir haben doch keine Angst vor dem bösen Rattenfänger, oder?"

    „Leiser, Johanna, wenn du nicht möchtest, dass es Mama hört!", flüsterte Johann.

Sie wirkten wie Diebe; Johanna konnte aber ihre Erwartung nicht verbergen. Sie füllte alle Taschen mit Süßigkeiten und Johann nahm viele Murmeln mit. Sie gingen zum Osttor.

Plötzlich hörten sie eine fremde Stimme: „Lasst mich euch helfen!"

Johanna stieß einen Schrei aus: „Oh mein Gott, eine Katze!"

„Ja, ich bin eine Katze. Ich habe aber auch einen Namen – Buffy. Außerdem bin ich die erste Katze, die eine Fremdsprache sprechen kann." sagte Buffy. „Hört mir zu!", sprach Buffy weiter. „Ihr könnt nicht wissen, wo die Kinder und der Rattenfänger sind. Ich bringe euch dorthin."

Johanna und Johann standen regungslos da, aber dann folgten sie der Katze.

Buffy sagte: „Nicht zu fassen, ich hasse diesen blöden Kerl. Er hat alle meine Ratten erledigt. Dennoch werde ich welche fressen."

Sie gingen solange, bis ihre Füße sehr wehtaten. Endlich waren sie am Ziel.

Buffy sagte: „Gib mir deine Hand, Johann!"

Johann gab Buffy seine Hand.

Buffy spuckte etwas aus, das wie eine Murmel aussah.

„Pfuiii!" Johann runzelte die Stirn.

„Nimm das, liebes Kind, die Murmel ist nützlich. Wenn ihr irgendwo hinkommen wollt, sagt ihr euer Ziel; jetzt muss ich euch ‚Auf Wiedersehen' sagen und ‚Viel Glück'!"

„Danke, Buffy!" sagte Johanna erfreut. Johann hörte nicht auf, die Stirn zu runzeln, aber er hielt die Murmel ganz fest.

Inzwischen war der Rattenfänger völlig betrunken. Er sagte zu den Kindern: „Ich bringe euch in ein fernes Land, wo es perfekten Reisschnaps gibt. Ich brauche keine Gulden, einfach nur Schnaps. Wir gehen jetzt zusammen nach Hamburg." Er nahm die Tasche, in der alle Kinder der Stadt Hameln als verhexte Ratten waren, und machte sich auf den Weg.

Zwei mutige Kinder folgten ihm unauffällig. Natürlich waren sie auch sehr klug, denn der böse Mann wusste nichts von ihrer Anwesenheit.

Sie gingen und gingen.

Es war das erste Mal, dass Johann und Johanna in Hamburg waren. Es war absolut schwierig, dem bösen Mann in dem überfüllten Hafen zu folgen. Am Hafen gab es viele große Schiffe, sodass Johann dachte, dass alle Leute von Hameln sogar in so einem großen Schiff wohnen könnten. Es regnete.

„Johann, wir haben nicht genug Gulden, um das Ticket zu bezahlen!", flüsterte Johanna.

„Komm her, Johanna, und überlege gut!", antwortete Johann.

Sofort schleusten sich die schlauen Kinder in eine französische Kindergruppe ein.

„Lächle ihnen zu, als ob du zu ihrer Gruppe gehörst", flüsterte Johann.

Der Kontrolleur sagte etwas zur Erzieherin, dann eilten alle Kinder in das Schiff vor ihnen. Es regnete stärker.

„Wir müssen den Rattenfänger sofort suchen!" sagte Johann.

Der ganz bunt angezogene Mann stand auf dem Deck und sagte zu der Erzieherin: „Ich bin ein Zirkusclown, ich kann die Kinder in Ratten und wieder zurück verhexen. Wissen Sie, viele Leute sind von mir begeistert!"

Die Erzieherin lächelte höflich. Sie dachte, dass er nur eine dumme Lüge erzählt hat, obwohl er die Wahrheit sagte.

Das Schiff lief langsam aus. Es gab einen starken Sturm, nicht nur gewaltige Winde, sondern auch ein riesiges Gewitter. Die Wellen waren sehr hoch, als ob sie das Schiff mit einem Satz verschlucken könnten. Die Seeleute waren nervös und konnten das Schiff nicht mehr unter Kontrolle halten, während alle Gäste außer Johann tief schliefen. Der Rattenfänger lag im Rausch. Neben ihm lag die Tasche, das Pfeifchen trug er immer am Hals.

„Steh auf, Johanna!", sagte Johann ganz leise. „Hör zu, wir müssen jetzt seine Tasche und das Pfeifchen stehlen, dann kehren wir mit Buffys Murmel nach Hause zurück!", erklärte er ihr.

Sie schlichen lautlos in das Zimmer vom Rattenfänger, nahmen die Tasche und das Pfeifchen. Dann standen sie auf dem Deck. Johanna trug die Tasche und versuchte sie trocken zu halten, so dass sie nicht nass wurde.

„Ich hoffe, es geht ihnen gut", sagte Johanna besorgt. „Sie müssen nur in der warmen Tasche schlafen", sagte er ein bisschen ungeduldig, während er die Murmel von Buffy in seiner Jackentasche suchte.

„Oh ja, ich habe sie gefunden. Jetzt gehen wir nach Hause. Papa wird stolz auf uns sein!"

„Klar, er wird sogar sehr stolz auf uns sein!"

Plötzlich erschien der Rattenfänger hinter Johanna und hielt sie fest: „Warum seid ihr nicht in Ratten verhext worden?", fragte er verwirrt. „Gib mir das Pfeifchen oder ich werfe deine Schwester ins Wasser!", drohte er.

Johann musste ihm das Pfeifchen geben. Der Rattenfänger lachte laut auf und schrie: „Adler, wo bist du?" Bald kam der große Adler. Er sprang auf den Adler und nahm die Tasche und das Pfeifchen mit sich. Er war ganz böse und warf Johanna ins Wasser. Dann flogen der Adler und er davon.

„Wenn ihr noch am Leben seid, sucht mich in Hà Nội!", rief er.

„Johann! Hilfe! Bitte, Johann!" Johanna war ganz panisch. Sie konnte nicht besonders gut schwimmen, schon gar nicht im Meer.

Sofort sprang Johann ins Wasser. Er war ein perfekter Schwimmer, weshalb die Wellen ihm gar nichts antaten. Plötzlich zog ihn etwas ins dunkle Wasser und ließ ihn sich nicht mehr bewegen. „Ein Seeungeheuer, ein riesiger Oktopus!" Erschreckende Gedanken erschienen ihm im Kopf. „Dummer Oktopus, lass mich los!", dachte er wütend. Dann tauchte er runter, um gegen das Seeungeheuer zu kämpfen. Doch zum Glück waren es nur Meeresalgen. Er biss die Meeresalgen durch und schwamm so schnell, wie er konnte.

„Keine Angst, Johanna, ich bin hier!", rief er ihr zu.

Sie klammerte sich an ihren Bruder und versuchte zu atmen. Johann hielt die Murmel fest und schrie ein Wort, das ihm gerade durch den Kopf ging.

„Hà Nội!"

Sie spürten kein kaltes Wasser mehr, sondern nur warme Sonnenstrahlen.

„Sind wir im Paradies?" fragte Johanna.

„Ja, und wir leben noch!" Die beiden Kinder lagen an einem Strand. Die Häuser, die kleinen Wege und die Menschen waren ganz anders als in Hameln. Alle Menschen hatten schwarze Haare, schokoladenbraune Haut und sie waren sehr freundlich.

„Ich glaube, sie sind Verwandte." Johanna hatte bereits vergessen, dass sie in Gefahr gewesen war.

„Các cậu từ đâu đến thế?"[1] Ein Junge stand vor Johann und Johanna und starrte sie an.

Sie benutzten ihre Köpersprache um zu zeigen, dass sie gar nichts verstanden.

„Êtes-vous des Français?"[2], fragte er weiter. „Seid ihr Deutsche?", fragte er und runzelte die Stirn.

„Ja! Du kannst ja auch Deutsch sprechen!", sagten Johann und Johanna sehr erfreut.

„Klar! Mein Opa ist Deutscher, meine Oma ist Französin und meine Mutter ist Vietnamesin. Deshalb kann ich Deutsch, Französisch und Vietnamesisch. Warum seid ihr in Vietnam?"

Sie erzählten ihre Geschichte.

„Also, ihr sucht einen komisch angezogenen Mann mit einer Tasche, in der Ratten sind? Aber jetzt kommt erst mal mit mir. Ich glaube, ihr seid ganz müde. Oh Entschuldigung – ich bin Nam."

Er hatte Recht. Johanna und Johann wollten nur etwas essen und schlafen. Nams Mutter kochte gut – so gut wie eine Kochchefin im Restaurant. Die beiden deutschen Kinder aßen vietnamesische Spezialitäten: Chả giò (Frühlingsrollen) und Phở (Reisnudelsuppe mit Fleisch). Sie besichtigten die hübsche Stadt Hà Nội. Sie gaben dem See, an dem sie lag, einen Namen: Hoàn-Kiếm-See.

---

[1] Woher kommt ihr?

[2] Seid ihr Franzosen?

Nach einigen Tagen wurde Johann jedoch sehr nervös. „Wir kamen nach Vietnam, um unsere Freunde zu suchen und nicht, um Urlaub zu machen!" klagte er.

„Wir haben keine Spur von ihnen, wir sind nicht sicher, ob sie in Hà Nội oder einer anderen Stadt oder einem anderen Land sind, es ist sehr schwierig", sagte Nam.

An diesem Abend besuchte ein Mann Nams Opa. „Ich fülle Hà Nội mit meinen Ratten, dann beseitige ich die Rattenplage wieder. Ich bekomme 700 Gulden und Sie können 300 Gulden behalten. Sie sind der Herrscher. Deshalb können Sie anordnen, dass das Volk bezahlen muss!"

„Oh mein Gott, das ist der Rattenfänger! Er trägt keinen Clownsanzug mehr!", sagte Johanna mit großem Erstaunen.

„Leiser, Johanna!", sagten Nam und Johann gleichzeitig

Sie redeten lang. Danach ging der Rattenfänger wieder.

„Beeilt euch! Wir müssen ihm nachgehen!", rief Johanna.

Der böse Mann ging und murmelte „Dann mache ich halt alles selbst!. Er hielt auf einer Straße mit viel gedämpftem Licht an: „Nun geht es los, meine Ratten!", sagte er leise.

„Nein! Lass sie in Ruhe!" Johanna schrie.

Aber es war zu spät. Er hatte sie bereits entdeckt.

„Aha, ihr lebt noch! Und wer ist der Junge?", fragte er.

Johanna fing an zu weinen.

„Du brauchst nicht weinen! Du, dein Bruder und der Junge – ihr werdet auch auf der Stelle Ratten sein!" Mit diesem Satz holte er sein Pfeifchen aus der Jackentasche. So schnell wie möglich trat Johanna ihm in die Hand. Er und Johann kämpften. Johanna schrie laut: „Dennis, Maren ... wo seid ihr denn? Wir brauchen eure Hilfe! Bitte!!"

Es war sehr seltsam, dass alle Ratten zurückkamen. Sie rissen sich um den Rattenfänger. Mit scharfen Zähnen bissen sie ihm in die Beine, Ohren und Hände. Er musste Johann loslassen, er lag auf dem Boden und ächzte.

Johann nahm seine Flöte und blies darauf. Alle Ratten wurden wieder normale Kinder. Sie umarmten sich mit großer Freude.

Plötzlich erschien der Adler. Der griff Dennis und flog weg. Johann nahm alle seine Murmeln und warf sie in die Augen des Adlers. Er musste Dennis sofort loslassen. Dennis fiel auf einen großen Turm in der Mitte des Hoàn-Kiém-Sees. Die Kinder standen am Ufer und wussten nicht, wie sie zu Dennis gelangen sollten.

„Los, geht! Und ertrinkt!", sagte der Rattenfänger.

Plötzlich erschien eine riesige Schildkröte. Die Kinder kletterten auf deren Rücken und Johann fragte: „Nam, ist das die Schildkröte in der Legende vom Hoàn-Kiém-See?"

Nam bejahte überrascht.

Und der Rattenfänger fiel in den See und ertrank fast. Er schrie „Ich möchte nicht sterben! Hilfe!!"

Die Kinder waren ganz ruhig. Johanna weinte. Johann sagte zu Nam: „Kommst du mit uns, um unsere Heimat zu besuchen? Danach bringen wir dich auch wieder nach Hause!". Natürlich war Nam einverstanden. Sie kletterten vom Rücken der Schildkröte.

„Jetzt gehen wir nach Hause." Johann nahm Buffys Murmel.

„Hameln." sagten alle Kinder.

Und schon waren alle Kinder in Hameln. Ganz klar waren ihre Eltern sehr froh, dass ihre Kinder wieder da waren. Johann und Johanna vergaßen Hà Nội nie mehr. Und am Ende wurde Nam ihr neuer Freund.

Die Zauberflöte

ANDREAS WAHLBERG, SCHWEDEN

Wir standen mitten schon auf unsrem Wege.
So glaubten wir, obschon wir weder wussten
Noch spürten wo das Ziel des Wanderns läge,
Weil unermesslich lange Stunden mussten
Die Füße unsrer Schar die Seelen bringen,
Die Seelen, die nun kaum noch mehr bewussten;
Sie würden nach des Wanderns Ziele ringen,
Wären sie nicht so erschöpft gewesen.
Jetzt könnten sie gar nichts von solchen Dingen.
Ich hatte nie geträumt, noch nie gelesen
Von einer solchen Stadt, die ich jetzt sah;
Ganz anders als des dunklen Waldes Wesen
War dieser glüh'nde Ort, nun sichtbar da.
Darüber waren alle gleich erstarrt.
„Der Mausekönig hier, der bin ich ja",
Sprach eine Stimme, in dem Nichts verscharrt.
Fuhr fort: „Habt keine Angst, sag ich euch doch;
Ihr werdet wohl belohnt, wenn ihr nur harrt,
Auf bessre Zeiten. Lasst mir aber noch,
Um später euch zu helfen und zu führen,
Mich vorstellen – die Zeit dafür ist hoch.
Bevor der Stadt ein Wächter ihrer Tore
Ich wurde, war mein Name weltbekannt.

ANDREAS WAHLBERG, SCHWEDEN

Denn welchen Leser konnte nicht berühren
Die schöne Saga, „Nussknacker" genannt,
Ein Märchen, das von unsrer Schlacht erzählt,
Ja, bis zu der Husaren äußrem Rand –
Bevor das Mädchen unsren Trupp verhält
Und ihnen den Pantoffelsieg gewinnt."
Mit eins verstanden wir, dass auserwählt
Er war und all sein Volk; sie wurden blind
Dem Schicksal nach ins Jenseitsreich gebracht;
Denn wegen Mausebluts ging es geschwind.
Des Rattenfängers Lied hat's so gemacht,
Dass jene Mausschar hilflos ihm nachging,
Bezaubert ganz und gar von seiner Pracht.
Dass jede Maus an sieben andren hing,
Bemerkte jeder. Dann ganz unerwartet
Von unsrer Reihe zu den Mäusen ging
Ein Junge, war aber nicht so geartet,
Dass er die schöne Flöte hören wolle;
Läuft eben gegen den, der auf ihn wartet.
Es stand dort eine Maus auf heimscher Scholle,
Sie war doch nicht dem Jungen allzu klein;
Gleich groß, als ob vom Jungen grade solle
Ein Zauberwort hier ausgesprochen sein.
„Du, Däumling", wie die Maus den Jungen nannte,
„Willkommen in der Stadt, tritt du herein!"
„Schon lange her", rief er, der bald erkannte,
„Seit ich bei dir im Mauseloche wohnte!
Von dir gemietete kaum elegante
Lokale – und indes wie es sich lohnte! –
Weil dort hat mich mein liebster Freund gefunden."
Es war uns klar, dass er die Maus nun schonte,
Die Rache dieses Mieters ließ er stunden.

Bald lief aus unsrer Kinderschar heraus
Ein andrer Junge, hatte schon gefunden
Ein liebes Angesicht – zwar keiner Maus,
Doch eines alten Mannes. So der Kleine:
„Dass du mein Opa bist und dass dein Haus,
Vor dem du grade stehst, ist auch das Meine,
Beteure es, wenn Wächter je dich fragen!"
Der Alte sah komplett verwundert aus
Und wusste kaum, was jetzt ihm blieb zu sagen,
Als jene Wächter kamen. Schwarze Katzen,
Das waren sie; es wurd' sodann ihr Magen
Gefüttert, bald mit Mäusen, bald mit Ratzen,
Und schlimmstenfalls mit den gefangnen Knaben,
Denn ungeheuer waren ihre Tatzen,
Und Riesenkörper schienen sie zu haben.
Der Eine war gestiefelt und tritt vor;
An ihre Arbeit sie sich so begaben –
Sie hörten wie er flüsterte ins Ohr!
Zur Wache! – und ihr Hunger war sehr groß.
„Was meinst du wohl damit?" – der Junge fror,
Vernahm des Mannes Worte atemlos.
Von jenen Katern, die er grad erkannte,
Geschluckt zu werden – ist das wohl sein Los?
Denn wäre er ganz ohne Anverwandte,
Und niemand kannte, würde er gegessen;
Gewiss, als der gesetzgemäß Gebannte,
Für jeden würde er dann frei zu fressen.
Noch einmal sprach der alte Mann ihm zu:
„Was meinst du wohl damit?" Die Worte dessen
Erstarrten ihn noch immer. „Was meinst du,
Wenn du so lange Zeit auf Wegen bist,
Und unerwartet wiederkehrst im Nu;

ANDREAS WAHLBERG, SCHWEDEN

Ach, du erschreckst mich mit so kurzer Frist!"
Erleichtert sank er nieder, und den Tieren
blieb nichts zu essen, dank des Mannes List.
„Wir dürfen aber keine Zeit verlieren",
Sprach dann der alte Mann, nachdem die Kater
Gegangen waren; „seit vielen Jahren gieren
Die Riesenkater danach, delikater
Als je zuvor den Abendschmaus zu schmecken:
Gekochtes Mädel, kurzgebratner Vater,
Und, neben leckren Krumen und Gebäcken,
Ein knusprig knusprig frischgebackner Junge."
Dies konnte wohl das Knäbelein erschrecken,
Es kam auch gar kein Wort von seiner Zunge.
„Es gibt doch Männer hier ..." sprach dann der Alte –
Bei diesen Worten kam in einem Sprunge
Ein junger Mann. „Und jene Sachverhalte,"
So schloss er an, „sie gehen bald zu Ende.
Denn ich hab grad erfahren von dem Spalte,
Dank dessen morgen schon es kommt zur Wende.
Die Riesenkater folgen einer Flöte;
Sie halten schon des Rattenfängers Hände.
Und heute Nacht, kurz nach der Abendröte,
Versuche ich das Flötelein zu stehlen,
Blas dann den Katern zu; dass es ihn töte!
Denn tot kann jener nimmermehr befehlen,
Und ohne diesen Fänger sind wir frei.
Mein Krümel! Dies ist niemals zu empfehlen;
Wir stehen aber vor des Volks Geschrei,
Und wir erdulden frei heraus gesagt
Nichts mehr von seiner Flötendudelei."
Allein zur Stell' hat niemand es gewagt
Zu bleiben; all das Licht schien zu vergehen,

ANDREAS WAHLBERG, SCHWEDEN

Es hatte jedoch balde schon getagt;
Von unsrer Kinderschar blieb nichts zu sehen.
Es wurde also Nacht, und vor dem Berge
Blieb jener Mann so jung und tapfer stehen,
Sich fragend, was der Fänger dort verberge.
Ganz ruhig in den Höhlenraum hinein
Ging er, entdeckte dann zwei große Särge,
In denen schlafen tief beim Feuerschein
Die Kater, fast wie tot, und neben diesen
Lag Rattenfänger mit dem Flötelein.
Auf leisen Sohlen zwischen jenen Riesen
Nahm er des Fängers Flöte auf und dachte:
Tyrannen, die je einst die Flöte bliesen,
Gehorchten diese Tiere. Wer sie brachte
Und ihnen spielte vor die goldnen Töne
Der Zauberflöte, weiche, zarte, sachte,
aus Gold gewebte Lieder, ewig schöne
Gesänge, dem gehorchten völlig sie –
Mit seinem Schicksal er sich bald versöhne! –
Denn bei dem Klang der Flötenmelodie
Erheben und bereiten sich die beiden,
Und fressen hungrig alles auf wie nie
Zuvor. Nun konnte er es kaum mehr leiden,
Die Freiheit zu verzögern. An den Mund
Hob er die Flöte, voneinander scheiden
Die Lippen ließ, und spielte dann ein bunt
Gefärbtes Lied. Erwacht aus ihren Träumen,
Erblickten sie den Mann, der war der Grund,
Den schönen Schlaf nun zu versäumen.
Der junge Mann war aber sehr empört;
Die Kater kamen aus den Höhlenräumen
Nicht schmatzend, sondern tänzelnd; angehört

Das Liedchen, konnten sie nichts andres tun;
Der Plan des Mannes war dadurch zerstört.
Dahinter kam der Rattenfänger nun,
So froh wie jene andern sah er aus;
Den Plan ließ unser Mann jetzt aber ruhn,
Denn als er eben schaute um das Haus,
War jeder dort und tanzte nach dem Takte:
Bald hüpften jedes Kind und jede Maus,
Bald nahmen alle Mädchen Teil am Akte,
Der Mausekönig wie ein Papagei,
Und andre Leute nahmen auch exakte,
Vollendete, aus Tänzen allerlei,
Gelehrte Schritte. Allen wurde klar
Zu sehen: Diese Nacht war schon vorbei.
Der junge Mann erhob sich vor der Schar;
Sie überhörte seine Worte nicht,
Und jener legte seine Aussicht dar:
„Ich sehe es, ich sehe jetzt das Licht!"

Die undankbaren Frauen

AKOUAVI MATHILDE ADJAHE, BENIN

Es war einmal vor sehr langer Zeit eine kleine Stadt, die hieß Hameln. Dort hausten schrecklich die Ratten und fraßen den Menschen die Haare vom Kopf. Bis eines Tages ein Mann kam, der trug bunte Kleider und spielte so schön auf der Flöte, dass die Ratten zu tanzen begannen und ihm in einen Fluss namens Weser folgten, in dem sie alle ertranken. Aber weil ihn niemand für seine Dienste bezahlte, kam er heimlich zurück und spielte erneut. Jetzt hörten die Kinder die Melodie und liefen verzaubert hinter ihm her, hinaus vor die Stadt, wo sie in einem finsteren Berg verschwanden, aus dem sie nie wieder aufgetaucht sind.

Die Kinder waren unter dem Berg versteckt. In diesem Berg lebte dieser sogenannte Flötist. Nun trug es sich zu, dass sich die Kinder in einer neuen, schönen, großen und außerordentlichen Stadt befanden. Diese Stadt war mit Licht überschwemmt. Dort gab es viele Menschen und, nicht zu vergessen, Kinder. Auch Pflanzen gab es dort, aber am interessantesten war, dass es Keksbäume und Kuchenbäume gab. Der Sand war aus Kroketten, und es gab viele aus Schokolade gebaute Häuser. Es gab dort Hähne, die Häuser bauten. Dort sprachen Tiere, mit denen Kinder spielen konnten. Neben den Keksbäumen gab es einen Fluss, dessen Wasser Fruchtsaft war. Der Himmel war nicht weit entfernt von der Erde.

Die entführten Kinder waren sehr beeindruckt und begannen, mit den anderen zu spielen, und aßen alles, was sie sahen und essen konnten. Sie waren froh und vergaßen ihre Heimat.

Erst bei Sonnenuntergang bemerkten die Eltern die Abwesenheit ihrer Kinder und gingen sie suchen, aber vergeblich. Die Eltern waren beunruhigt und traurig; die Mütter brachen in Tränen aus, sie weinten unaufhörlich.

Doch als die Kinder mit dem Flötisten vorm Berg waren, war ein Mädchen ein Stück abseits gegangen, um Blumen zu pflücken, und sie sah alles, was dort geschah. Dann lief sie schnell wie eine Gazelle in die Stadt, begegnete den jammernden Eltern und informierte sie über das, was sie gesehen hatte.
    Die Eltern liefen schnell zum Berg, aber dort war nun niemand mehr, und sie kehrten unverrichteter Dinge um.

Jeden Tag gingen die Frauen zum Berg und sangen:

Oh Berg! / Schöner Berg! / Oh Berg! / Großer Berg! / Oh Berg! / Quelle / Unserer tiefen Schmerzen / Oh Berg! / Quelle / Unseres seelischen Kummers / Bitte, gib uns / Unsere Kinder. / Berge! / Oh Berge!

Gleich nach dem Gesang brachen sie alle in Tränen aus.
    Mehrmals haben sie dies so vergeblich vollzogen; bis eines Tages eine von diesen Frauen gegen Mitternacht zum Berg ging und sagte, ihr sei es lieber, mit ihrem Kind zu sterben. Diese Frau hatte in ihrem Leben nur ein Kind zur Welt gebracht und es war verschwunden. Ihr Mann lebte auch nicht mehr. Deshalb fing sie an, vor dem Berg zu singen.

Oh Berg! / Schöner Berg! / Oh Berg! / Großer Berg! / Du hast mein Kind, / Alle meine Hoffnung. / Jetzt nimm mich. / Besser sterben, / Als kinderlos leben, / Berge! Oh Berge!

Nach ihrem Gesang ist ihr eine sehr alte Frau erschienen, deren Haare lang und weißer als Baumwolle den Rücken bedeckten, und fragte sie: „Was ist los, liebe Frau?", und sie antwortete zitternd und erklärte, worunter sie litt. Die alte Frau lächelte und sagte ihr: „Geh zurück nach Hause. Es wird am Freitag im schwarzen

Wald ein heiliger Tanz stattfinden. Geh dorthin gegen Mitternacht. Bring alles Wertvolle mit. Aber pass auf, sprich nicht mit dem, was du auf dem Weg sehen wirst. Gib am Ende des Tanzes demjenigen, der am schönsten sein Instrument spielen wird, die Dinge als Belohnung."

Da kehrte sie zurück und sammelte alle ihre wertvollen Dinge und wartete ungeduldig auf diesen Tag. Und am Abend, als die Leute zu Bett gingen, ging sie zum Wald mit den Dingen, wie die alte Frau gesagt hatte.

Sie war noch nicht weit von der Stadt entfernt, da begegnete ihr eine Ameise, die ein großes Fass trug. Sie tat, als habe sie nichts gesehen. Ein bisschen weiter vorn sah sie zwei Hähne, die dabei waren, das Dach eines Hauses zu decken. Sie sagte auch hier nichts und ging weiter. Sie sah danach einen Baum, dessen Wurzeln droben standen und das Laub darunter. Sie sagte nichts.

Einige Schritte vor dem Zeremonienort hörte sie schon den rasenden Ton der afrikanischen Trommel und das Händeklatschen und sah eine sehr alte Frau, die nackt war, aber Schnürschuhe trug. Sie ging ruhig bis zum Zeremonienort weiter. Sie nahm Platz und folgte allem, was passierte. Eine Gruppe von Mädchen tanzte zuerst und die Jungen folgten. Am Ende tanzten die Könige und Königinnen.

Es gab viele Musiker (Hornisten, Klarinettisten, Gitarristen ...), die einer nach dem anderen spielten. Der sogenannte Flötist war auch mit von der Partie mit seiner Flöte. Am Ende der Zeremonie verliehen sie demjenigen, der gut gespielt hatte, eine Auszeichnung. Der Flötist war der Beste. Die Frau wartete bis zum Ende und ging heimlich zu dem Flötisten. Sie schenkte ihm ihre Sachen und sagte: „Beherzter Mann, unter diesen zahlreichen Instrumentalisten bist du der Sieger geworden. Dein Ansehen ist sehr groß. In der ganzen Welt spricht man von dir. Du wirst immer stark sein."

Nach ihrem Lob und ihren Geschenken war der Flötist überrascht. Er war so froh, dass er nicht wusste, was er sagen sollte. Er stellte aber eine Frage: „Liebe Frau, du gehört nicht zu den Unsrigen, du bist eine Fremde oder? Aber was hat dich bis hierher gebracht? Sprich bitte!"

Sie antwortete und erklärte ihm ihren Kummer.

Er sagte ihr: „Komm früh am Morgen zum Berg und singe, ich werde dir antworten."

Sie fragte ihn: „Welches Lied soll ich singen?"

Und er sagte: „Lobe den Berg!

Oh Berg! / Schöner Berg! / Oh Berg! / Großer Berg! / Beherzter Krieger / Stärkster der Starken / Berge! / Oh Berge!"

Die Frau kehrte zurück und ging wie gesagt am frühen Morgen zum Berg. Und sie fing an zu singen:

Oh Berg! / Schöner Berg! / Oh Berg! / Großer Berg! / Beherzter Krieger / Stärkster der Starken / Berge! / Oh Berge!

Dreimal hat sie gesungen, da ist ihr der Flötist erschienen und sagte: „Mutige Frau, du warst sehr gut zu mir. Jetzt wirst du die Lösung deines Problems bekommen." Er machte einige mystische Gesten und plötzlich hielt er in der rechten Hand einen Spatz. Er gab dieser Frau den kleinen Spatz und sagte: „Bitte ihn um alles, was du willst, er ist dazu fähig."

Und die Frau kehrte zurück mit dem Vogel. Zu Hause, allein im Zimmer, bat sie den Spatz um ihr Kind, und der Spatz sagte ihr „Augen zu!", und sie machte ihre Augen zu. Einen Moment später hörte sie „Augen auf!". Was nun? Das Kind! Das einzige Kind der Frau stand da vor ihr, sehr schön gekleidet, mit goldenen Ketten. Das Zimmer dieser Frau war voll von wertvollen Sachen, das Hundertfache von dem, das sie gegeben hatte. Sie sprang auf ihr Kind zu und nahm es in die Arme, sie küsste es, sie tanzte und sie weinte vor Freude.

Diese gute Nachricht brachte sie zu den anderen Frauen und allen Einwohnern Hamelns.

Als die anderen Frauen das sahen, fragten sie sie: „Wie hast du das gemacht?"

Sie lieferte ihnen das Geheimnis. Und auch sie traten in ihre Fußstapfen. Sie waren gegen Mitternacht vorm Berg und sangen auch:

Oh Berg! / Schöner Berg! / Oh Berg! / Großer Berg! / Du hast unsere Kinder, / Alle unsere Hoffnung. / Jetzt nimm uns. / Besser sterben, / Als kinderlos leben, / Berge! / Oh Berge!

Dieselbe alte Frau erschien auch ihnen und gab ihnen dieselben Ratschläge. Drei Tage später gab es eine gleiche Zeremonie tief im schwarzen Wald. Sie bereiteten sich vor und gingen zusammen dorthin. Auf dem Weg begegneten sie einer Ameise, die ein großes Fass trug. Sie lachten und sagten: „Seht diese kleine Ameise, fast unsichtbar, mit diesem großen Fass. Und sie lebt noch darunter!"

Und eine Stimme sang:

Liebe Frauen, / Hat man euch nicht verboten, / Hier etwas zu sagen? / Ihr seht eine kleine Ameise / Mit einem großen Fass / Und sollt nicht darüber sprechen.

Und sie hielten ihre Münder und gingen weiter. Ein bisschen weiter vorn sahen sie zwei Hähne, die dabei waren, das Dach eines Hauses zu decken. Sie fingen auch hier an zu reden: „Um welche Welt geht es hier, und das sind Hähne, die Häuser decken? Etwas Außerordentliches."

Und die Stimme sang weiter:

Liebe Frauen, / Hat man euch nicht verboten, / Hier etwas zu sagen? / Ihr saht eine kleine Ameise / Mit einem großen Fass / Und solltet nicht darüber sprechen. / Ihr seht zwei Hähne, / die Häuser decken / und sollt nicht darüber sprechen.

Sie hielten schnell ihren Mund. Sie sahen noch einen Baum, dessen Wurzeln nach oben hinaus standen und das Laub darunter. Sie kommentierten auch das, und die Stimme sang dasselbe Lied:

Liebe Frauen, / Hat man euch nicht verboten / Hier etwas zu sagen? / Ihr saht eine kleine Ameise / Mit einem großen Fass / Und solltet nicht darüber sprechen. / Ihr saht zwei Hähne, / die Häuser decken, / und solltet nicht darüber sprechen. / Ihr seht einen Baum, / dessen Wurzeln droben sind / und das Laub darunter / und ihr sollt nicht darüber sprechen.

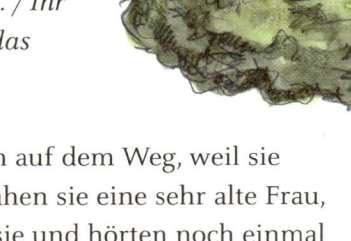

Fast beim Zeremonienort angekommen, tanzten sie allein auf dem Weg, weil sie den Lärm der afrikanischen Trommel hörten. Plötzlich sahen sie eine sehr alte Frau, die nackt war, aber Schnürschuhe trug. Sie lachten über sie und hörten noch einmal die Stimme:

Liebe Frauen, / Hat man euch nicht verboten / Hier etwas zu sagen? / Ihr saht eine kleine Ameise / Mit einem großen Fass / Und solltet nicht darüber sprechen. / Ihr saht zwei Hähne, / die Häuser decken, / und solltet nicht darüber sprechen. / Ihr saht einen Baum, / dessen Wurzeln droben sind / und das Laub darunter, / und ihr solltet nicht darüber sprechen. / Ihr seht eine nackte Frau, / die Schuhe trägt, / und sollt nicht darüber sprechen.

Sie erreichten jetzt den Ort und setzten sich. Sie folgten der Zeremonie, aber als sie den Flötisten sahen, fingen sie an zu schreien: „Seht! Das ist der böse Mann, der unsere Kinder gestohlen hat." Sie schimpften sehr über den Flötisten.

„Ihr dummen und undankbaren Frauen, ihr werdet eure Kinder nie wiedersehen", sagte der Flötist. Dann zauberte er: „Das Huhn stört alles, aber kein Feuer". Und viele Bienen erschienen und ein großer Rauch erfüllte den Ort.

Die Frauen sahen nichts mehr, die Bienen stachen sie. Sie ergriffen die Flucht. Sie fielen zu Boden und standen wieder auf; erst als sie aus aus dem Wald heraus kamen, konnten sie plötzlich wieder sehen. Sie waren verletzt und konnten nicht gut gehen. Sie setzten sich, um sich auszuruhen. Sie wussten nicht mehr, wo ihre Sachen geblieben waren. So verloren sie ihre Sachen und ihre Kinder.

Diese Frauen kamen zurück mit Tränen. Und seitdem sind ihre Kinder nie wieder aufgetaucht.

Deshalb sagt man, dass Undankbarkeit zum Verlust führt.

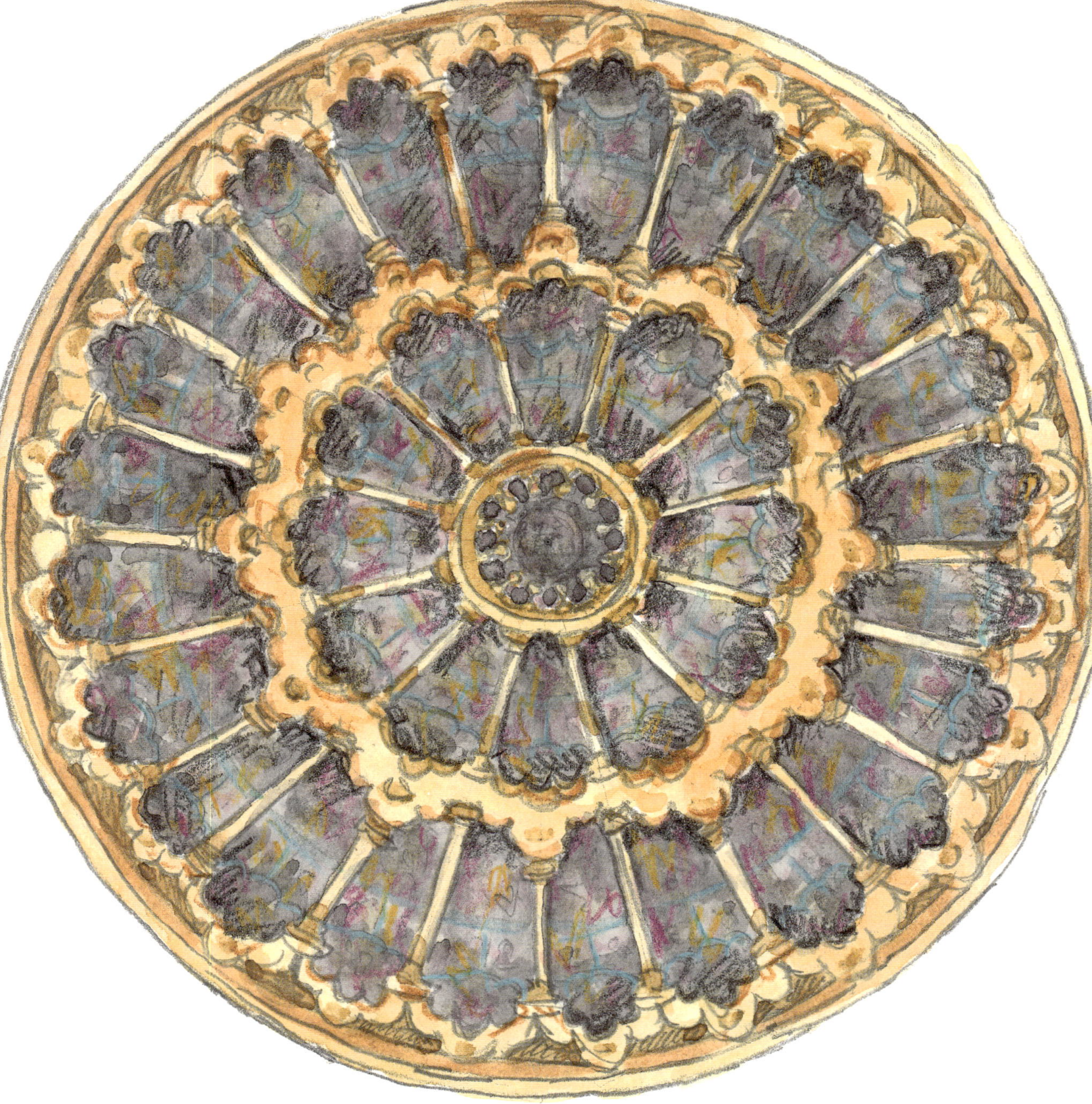

Georg, der gute Schmied

ALEXIA BUSSER, FRANKREICH

Als die neunjährige Tochter des Bürgermeisters aufwachte, erkannte sie die Umgebung nicht. Sie konnte sich an nichts erinnern. Sie lag auf einem Strohhaufen und vor ihr stand ein sehr großes Gebäude mit zwei hohen Türmen. Wo konnte sie sich nur befinden?
Da sah sie einen Mann auf einem Pferd, der einige Meter von ihr entfernt war. Sie stand auf und näherte sich dem Mann. Sie sah ihn verängstigt an und fragte ihn, wo sie sei.

Der Mann hob die Augenbrauen, denn er verstand die Frage des kleinen Mädchens nicht. Er fragte sie, warum sie allein sei und wo sich ihre Mutter befinde.

Aber das Kind war fasziniert von dem Gebäude, das vor ihr stand. Sie hatte noch nie so eine Fensterrose gesehen. In Hameln war die Fensterrose der Kirche vielleicht nur halb so groß.

Der Mann, ein Schmied der Stadt Paris, wiederholte erneut seine Fragen und kniete sich dabei nieder, um dem Mädchen in die Augen schauen zu können. Er bemerkte, dass das Kind am ganzen Körper zitterte und sehr schmutzig war. Nun merkte er auch, dass er sich mit ihr nicht würde verständigen können, und beschloss, das Mädchen mit sich zu nehmen, um sie an einen warmen Ort zu bringen. Er zerriss ein Stück seines Umhangs und legte es dem Mädchen auf die Schultern.

Das Mädchen wusste nicht, ob es dem Mann folgen sollte, aber sie hatte keine andere Wahl. Der Gedanke, alleine an diesem fremden Ort zu bleiben, jagte ihr tiefe Angst ein.

Der Mann setzte sie auf den Sattel des Pferdes.

Der Schmied, der nach dem plötzlichen Tod seiner Frau alleine wohnte, beschloss das kleine Mädchen zu sich nach Hause zu nehmen.

Auf dem Weg dahin versuchte das Kind so gut wie möglich, sich die kleinsten Details zu merken. In dieser fremden Stadt gab es viele Brücken und auch Häuser mit einer speziellen Form und ungewöhnlichen Farben, die dem Mädchen nicht bekannt vorkamen. Es schien dem Mädchen, als wäre die Stadt unendlich groß, und nach einiger Zeit war es so erschöpft, dass es einfach nur einschlief.

Als es erwachte, lag es in einem warmen Bett. Der Mann saß an einem hölzernen Tisch neben dem Kamin und drehte ihm den Rücken zu.

Ohne Geräusch schaute es sich um und merkte, dass das Zimmer eigentlich recht klein, aber schön geschmückt war. Aber dann musste es niesen, und der Mann drehte sich zu ihm um.

Er setzte sich auf die Bettkante und murmelte einige für das Mädchen unverständliche Worte. Der Mann stellte sich vor und das Kind verstand, dass sein Vorname Georg war.

Es schaut ihm verwirrt in die Augen und sprach den Vornamen Anna aus.

Der Mann strahlte und seine Augen leuchteten, denn es war ein erster Fortschritt in der Kommunikation mit dem kleinen Mädchen. Der Mann wusste, dass es schwierig sein würde, die Eltern des Kindes wiederzufinden.

Monate lang versuchte er, die Eltern des Mädchens in der großen Hauptstadt wiederzufinden. Aber seine Versuche blieben vergeblich.

Nach und nach war das Verhältnis zwischen dem Mädchen und dem Mann enger geworden, dennoch vermisste das Kind seine Eltern jeden Tag mehr.

Der Mann sah das Leben mit Anna als einen Neuanfang, und man konnte jeden Tag mehr Freude auf seinem Gesicht erkennen. Der Mann brachte dem kleinen Mädchen seine Sprache bei und lehrte es auch die Geschichte jedes einzelnen Gebäudes seiner Stadt.

Das Mädchen lernte sehr schnell und schon nach einigen Monaten konnte es dem Mann die Landschaften seiner Heimat beschreiben. Es fragte den Mann auch, wo er all sein Wissen gelernt hätte, und so erfuhr es, dass der Mann vor dem Tod

ALEXIA BUSSER, FRANKREICH

seiner Frau Lehrer in einer kleinen Dorfschule war. Da ihm der Verlust seiner Frau den ganzen Spaß am Leben genommen hatte, zog er nach Paris und wechselte dort auch den Beruf, um ein neues Leben anzufangen.

Das Mädchen war sehr gerührt von dem, was ihm der Mann über seine Vergangenheit erzählte, und so fand täglich ein reicher Austausch über die Erfahrungen der Beiden statt. Die Erzählungen des Mädchens waren sehr genau, und so verstand der Schmied, dass sie aus einer nördlichen Gegend kam, wo man auch eine germanische Sprache reden würde. Er beschloss, der Traurigkeit des Mädchens ein Ende zu machen.

Einige Tage später beim Abendessen schlug der Mann dem kleinen Mädchen vor, eine lange Reise zu machen, um zu versuchen, seine Eltern wiederzufinden. Das Mädchen konnte kaum glauben, was es gerade gehört hatte, war aber so glücklich, dass es dem Mann um den Hals fiel.

Sie begannen sofort, die Reise sorgfältig zu planen. Beide würden zwei Wochen später, am Anfang des Monats Juni abreisen. Das Mädchen war sehr ungeduldig, seine Eltern wiederzusehen, aber es freute sich auch auf die Reise mit Georg, da es wusste, dass er ihm wiederum sehr viele Sachen beibringen würde. Der Ausflug mit dem Karren würde wahrscheinlich ein bis zwei Monate dauern.

Wie geplant, war am großen Tag alles bereit. Der Mann und das Mädchen mussten sich von ihren Freunden und Bekannten verabschieden, was ihnen nicht so leicht fiel. Das Kind verstand mittlerweile die Sprache recht gut und hatte also keine Schwierigkeiten mehr sich zu verständigen.

Die Reise in den Norden begann also am frühen Morgen. Der Mann und das Mädchen entdeckten schnell neue Landschaften und Dörfer. Sie mussten oft Pausen einlegen, damit sich das Pferd ausruhen konnte. Wenn die Pause inmitten einer Stadt stattfand, besuchten beide die bekanntesten Monumente oder Gebäude der Stadt. Wenn sie jedoch inmitten von kilometerlangen Feldern stattfand, lehrte der Mann das Kind die Namen der Blumen und der Tiere, denen sie auf dem Weg begegneten. In den Städten war die Kommunikation mit den Einwohnern sehr lehrreich, und meistens bot man ihnen einen warmen Platz zum Schlafen an.

Was dem Mädchen am meisten gefiel, waren die verschiedenen Akzente der Einwohner und auch die zahlreichen Dialekte, die in jeder einzelnen Gegend zu finden waren. Das Kind versuchte, einige Sätze der Dialekte zu behalten, und ahmte die Akzente der verschiedensten Personen nach.

Die erste Stadt, in der sie ankamen, war Soissons. Dort lernte das junge Mädchen sehr viel über das Frankenreich und über die Kathedrale. In Laon wurde dem Kind von dem Volksaufstand erzählt, der den Bischof das Leben gekostet hatte, und ebenfalls von dem Brand der romanischen Kirche.

So gingen die Erzählungen weiter und weiter.

An einem warmen Tag im Juli bekam das Mädchen jedoch starke Schmerzen. Der Mann wusste nicht, wie er dem armen Mädchen helfen konnte, und tat sein Bestes, um in der Umgebung einen Arzt zu finden. Jedoch war das keine einfache Sache, und die Lage des Kindes verschlimmerte sich jeden Tag. In Lüttich fand der verzweifelte Mann endlich einen Arzt und ließ das Mädchen untersuchen.

Der Arzt war sehr besorgt, denn er hatte keine großen Hoffnungen. Er wusste nicht, ob das Kind überleben würde und ob die Arzneimittel wirken würden. Deshalb verlangte er vom Mann, dass dieser sich in der Stadt niederlasse mit dem Mädchen und warte, dass es gesund wird.

Der Mann war einverstanden und tat was der Arzt ihm sagte. Jedoch besserte die Lage des Mädchens sich nicht, und der Mann stellte sich viele Fragen. Er wusste, dass er dem kleinen Mädchen versprochen hatte, dass es seine Eltern wie auch immer wiedersehen würde. Man konnte eine deutliche Ratlosigkeit in den Augen des Mannes erkennen, denn er wusste nicht, ob er das Leben des Kindes aufs Spiel setzen konnte.

Einige Tage später beschloss er gegen den Willen des Arztes, das Mädchen mit sich zu nehmen und die Reise fortzusetzen. Die ganze Verantwortung zu tragen, war wirklich nicht leicht, aber er wollte seinem Versprechen treu bleiben.
 Nachdem er das Mädchen gut im Karren installiert hatte, machte der Mann sich wieder auf den Weg. Er erlebte viele schlaflose Nächte, denn er überprüfte sehr oft die gesundheitliche Situation des Kindes. Ihm sollte keineswegs etwas entgehen. Es gab natürlich Höhen und Tiefen, und dies vereinfachte die Lage des Mannes nicht. Er liebte dieses Mädchen wie seine eigene Tochter und er wollte es nicht verlieren. Es war in diesem Fall auch die Liebe für das Mädchen, die ihm die Kraft gab, nicht aufzugeben.

In den Städten, wo er Ärzte fand ließ er das Kind untersuchen, und man stellte fest, dass die frische Luft dem Kind helfen würde, schneller gesund zu werden.
 Der Mann erzählte immer den Dorf- und Stadteinwohnern, woher er kam und was er vorhatte, und viele Menschen sahen ihn als Held an. Als er in die ersten deutschen Städte kam, merkte er, dass die Sprache ein unvermeidliches Problem sein würde. Und er hatte keine andere Wahl, als das Mädchen um eine Übersetzung zu bitten. Sie hatten sehr viel Glück, denn die Menschen denen sie begegneten, waren genauso hilfreich wie die Einwohner französischer Städte.
 Das Mädchen kämpfte mit seinem ganzen Willen gegen die Krankheit, denn es wusste, dass es die Möglichkeit bekommen würde, seine Eltern wiederzusehen, wenn es sehr stark daran glaubte.

So kamen sie Mitte August an einem sonnigen Nachmittag in einer Stadt an. Der Mann war beunruhigt, denn er konnte keine Geräusche hören wie in den anderen Städten. Man hatte das Gefühl, die Stadt sei leer.
 Aber bevor der Mann etwas dazu sagen konnte, hörte er das Mädchen vom Karren springen. Er drehte sich um und sah es jubelnd hin und her springen. Er war sehr

verwundert, aber er brauchte nicht lange, um zu verstehen was los war. Sie hatten ihr Ziel erreicht.

Das Mädchen lief zu seinem Haus, und als die Eltern ihr Mädchen im Türrahmen sahen, konnten sie ihren Augen nicht glauben. Jeder sah dieses Ereignis als ein Wunder an. Viele Eltern fragten den Mann, ob er nicht andere Kinder bei dem Mädchen gesehen habe, aber der Mann musste leider verneinen.

Die Eltern wollten dem Mädchen viele Fragen stellen, aber der Mann erzählte den Eltern des Kindes von der Krankheit und verlangte eine Untersuchung vom Arzt der Stadt.

Und da kam eine zweite gute Nachricht. Das Kind war wie durch ein Wunder geheilt.

Es wurde ein großes Fest veranstaltet, um die Rückkehr des Mädchens zu feiern. Dem Kind wurden sehr viele Fragen gestellt, jedoch konnte es keine beantworten da es sich an nichts erinnerte, was vor der Szene auf dem Vorplatz von Notre-Dame stattgefunden hatte.

Auch wenn die anderen Eltern enttäuscht waren, bekamen sie wieder Hoffnung und hofften jeden Tag auf die Rückkehr ihrer Kinder.

Der Mann liebte das Mädchen so sehr, dass er in Hameln blieb, um mit der Familie des Mädchens zu leben.

Zenji – im Land des Schicksals

SANDRA KABAJWISA, UGANDA

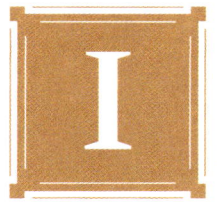

In Hameln passierte das überraschendste und tragischste Ereignis, von dem die Menschen jemals gehört haben. Laut den Bürgern von Hameln sind die Kinder nie aus diesem dunklen Berg herausgekommen. In Wirklichkeit kamen die Kinder aus Hameln aus dem Berg in ein neues Land. Während sie in dem Berg waren, spielte ein Mann eine Melodie auf seiner magischen Flöte, und der Berg öffnete sich plötzlich am anderen Ende. Von diesem Ort hatten die Bürger von Hameln nichts gewusst. Es war ein unbekannter Ort.

„Seht, Kinder von Hameln", sagte der Mann, dem die Kinder gefolgt waren, „jetzt bringe ich euch in ein schönes Land. Ein Land so schön, aber mit einer Vielzahl von Herausforderungen, die zu erfüllen sind. Kinder von Hameln, euch wird niemand finden. Tage werden vergehen, Nächte werden kommen, Jahr für Jahr, Generation für Generation. Sie werden kommen, eine nach der anderen, aber niemals wird jemand euch finden können. Von diesem Tag an, mit diesen meinen magischen Kräften werde ich euch das ewige Leben, Stärke und Schutz geben. Ihr werdet nie krank oder alt werden. Ihr werdet 60 Jahre alt, sogar 100 Jahre alt, aber ihr werdet nie alt aussehen. Ihr werdet immer wie Kinder erscheinen. Ich werde euch unsterblich machen. Bald wird es euch erlaubt sein, Wasser aus dem Fluss des Lebens zu trinken, so dass ihr nie sterben werdet." Das waren die ersten Worte, die der Mann mit der magischen Flöte den Kindern sagte, als sie dieses neue Land erreichten.

Der Mann mit der magischen Flöte wurde Bwenje genannt. Der Name „Bwenje" bedeutet „weise sein." Er war des Königs rechte Hand und sein Berater. Jeder respektierte ihn, und niemand war ungehorsam, indem er seine Befehle verweigerte.

Der König dieses Landes wurde Nyinimu genannt. Der Name „Nyinimu" bedeutet „Seine Majestät". Nyinimu war sehr klein und schlank. Er war sehr alt, aber weise. Man nahm an, dass er schon mehr als drei Jahrhunderte gelebt hat. Er konnte so lange leben, weil er magisches Wasser aus dem Fluss des Lebens getrunken hatte. Wie seine Vorväter war auch er unsterblich. Sie sind nie gestorben. Sie gingen nur in den Ruhezustand und wachten erst auf, wenn sie von den Hexen und Zauberern des Landes aufgerufen wurden, komplizierte Situationen zu beurteilen und die Hexen und Zauberer entsprechend zu beraten.

Wenn der oberste Richter allerdings jemanden zum Tode verurteilte, wurde das Richtschwert verwendet, um diese Person zu töten.

Das Schwert des Urteils war ein wichtiges Element in diesem Reich, und es gehörte dem Obersten Richter. Menschen sind nie an Krankheiten oder etwas Ähnlichem gestorben. Nur das Richtschwert konnte einem Menschen das Leben nehmen.

Bwenje war der oberste Richter des Landes und der einzige, der die Melodien auf der magischen Flöte spielte. Niemand sonst sollte diese Flöte spielen.

Die Stelle, an der die Kinder von Hameln aus dem dunklen Berg gekrochen waren, war in der Mitte dieses Reiches. Sie wurde „Zenji" genannt und bedeutete „Land des Schicksals."

Die Stelle jedoch, an der die Kinder den Berg verließen, wurde „Die Berge des Mondes" genannt, weil dieser Ort sehr schön und besonders war. Es war die Ruhestätte des Königs, jedoch nicht sein Palast. Viele andere besondere Anlässe fanden hier statt. Und niemand ging in die Berge des Mondes ohne Erlaubnis oder eine Einladung.

Der Fluss des Lebens wurde „Fluss Bulamu" genannt. Das bedeutete „Fluss des Lebens." Die Farbe des Wassers war orange. Der Bulamu-Fluss hatte seine Quelle in den Bergen des Mondes.

An genau diesem Ort gab es zwei kurze Flüsse, die in den Fluss Bulamu flossen. Einer dieser Flüsse floss mit Honig und der andere mit Milch. In der Mitte des Bulamu-Flusses bildete sich ein Brunnen sowohl aus Milch als auch aus Honig.

Es gab auch grüne Kaninchen, von denen geglaubt wurde, dass sie den Frieden in dieses Königreich brachten. Der ganze Boden war mit Blumen in verschiedenen Farben gefüllt. Die Ruhestätte des Königs war sehr schön.

Bwenje blies die Flöte nun so laut, dass der König es hören konnte. Er tat dies, um diesen Ort zu beschwören. Damit ermöglichte er den Kindern, weiter ins Land vorzudringen. Bwenje war sicher, dass der König diese großartige Idee, schön aussehende Kinder mit weißer Hautfarbe im Zenji-Land zu haben, mögen würde. Er dachte, der König würde ihn wahrscheinlich dafür belohnen.

Aber zu seiner Überraschung schrie der König vor Wut und vor Ekel, als die Kinder ihm vor Augen kamen. „Das ist abscheulich! Was für eine schreckliche Katastrophe. Hast du nicht gehört, dass jemand, der eine andere Hautfarbe als unsere eigene schwarze Farbe hat, ein Feind ist? Was für einen schrecklichen Fluch bringst du uns mit diesen Jungen? Was sind das für Gestalten mit weißer Hautfarbe? Wo kommen sie her? Welche Art von Blut fließt in ihren Adern? Welche Sprache sprechen sie? Was fressen sie? Ich frage Sie noch einmal, Bwenje, der Klügste von allen, was sind das für Dinge?" Nyinimu brüllte vor Wut.

„Herr, Ihre Majestät, die Große in diesem Land des Schicksals, Nyinimu, der mächtige Held", sagte Bwenje, „bitte begrüßen Sie diese kleinen Kinder. Sie bringen Segen und eine gute Nachricht für unser Land. Geben Sie ihnen eine Chance zu leben. Sie sind jung und unschuldig. Als ich die schöne magische Melodie blies, hörte das niemand, nur diese Kinder. Sie sind mir hierher gefolgt. Die Melodie, die ich spielte, ließ sie sofort meine Sprache verstehen und sprechen." Das waren Bwenjes Worte zum König.

„Unsinn, Unsinn", brüllte Nyinimu, „spiel die magische Melodie auf deiner Flöte, so dass diese Weißhäutigen und du im Tal der Dunkelheit sind, wo die Götter diese Kinder akzeptieren." Bwenje tat, wie ihm befohlen wurde, und innerhalb von ein paar Sekunden war die ganze Gruppe im Tal der Dunkelheit.

Das Tal der Dunkelheit war sehr dunkel und beängstigend ohne eine Spur von Licht. Unheimliche Stimmen von verschiedenen Tieren waren zu hören. Die Kinder trafen in diesem Dorf auf Stimmen und Bewegungen von unsichtbaren Menschen. Während sie in diesem dunklen Tal waren, spielte Bwenje eine andere magische Melodie.

Und als er das tat, hörte er die zitternde Stimme einer alten Hexe sagen: „Hier bin ich, Herr, was kann ich für Sie tun?" Diese alte Hexe wurde Omufumu genannt, die größte Hexe des Landes.

Bwenje spielte eine andere Melodie auf seiner Flöte, diesmal war eine männliche Stimme zu hören, tief und laut. Es war wie ein Donner. Das war Gafumba, der älteste Zauberer des Zenji-Reichs. Mehrere andere Stimmen von Hexen und Zauberern waren auch noch zu hören.

Bwenje forderte Omufumu und Gafumba sowie deren Begleitung auf, ihre Götter zu rufen und ihnen zu raten, diese Kinder zu akzeptieren.

„Ich rufe die Götter des Landes", sagte Omufumu in ihrer zitternden Stimme, „zu kommen und zu beurteilen, ob es richtig ist, diese Kinder in diesem Land zu akzeptieren." Für einen Moment war es still, aber die Götter antworteten nicht.

„Großartige Götter des Landes, mächtig und kraftvoll, hört auf die Stimmen eurer demütigen Diener und antwortet entsprechend." Das war Gafumbas donnernde Stimme, aber die Götter schweigen immer noch.

„Wir werden die Entscheidung selbst treffen müssen", sagte Gafumba. „Keines dieser Kinder soll leben. Bwenje ist ein böser Mann, der die Kinder entführt und nach Zenji gebracht hat, um sie belästigen zu können."

Viele andere Zauberer im Tal der Dunkelheit stimmten Gafumba zu, dass Bwenje diese Kinder nur belästigen wollte. Es wurde gemunkelt, dass Bwenjes Urgroßvater und Großvater Kinderschänder waren. Es bestand die Möglichkeit, dass diese Charaktereigenschaft Teil des Blutes war, das in Bwenjes Adern floss.

Aber die Wahrheit ist, dass Bwenje nur vorhatte, es dem König recht zu machen, indem er die Kinder von Hameln nach Zenji brachte. Als Strafe dafür, dass die Menschen aus Hameln Bwenje nicht dafür bezahlt hatten, dass er sie von den Ratten befreit hatte.

Im Tal der Dunkelheit hatte der König zwei Kinder mit Behinderungen bemerkt. Er wollte sie loswerden, bevor die Götter mit der Zeremonie fortfuhren.

Einer der beiden war lahm und der andere war taub. Also gab Nyinime Bwenje den Befehl, diese Kinder mit Behinderungen wieder zurück nach Hameln zu bringen. Deshalb spielte Bwenje eine magische Melodie auf seiner Flöte, und sofort waren die Kinder wieder zurück in Hameln.

Wahrscheinlich waren es diese Kinder, die den Eltern von Hameln erzählten, was ihren Kinder passiert ist.

Nachdem sie die Gruppe verlassen hatten, tranken die anderen 200 Kinder das Wasser des Lebens aus dem Fluss Bulamu, wie Bwenje ihnen versprochen hatte. Das Wasser wurde mit Kräutern in kleinen Töpfen gemischt. Das wurde gemacht, um den Kindern zu helfen, das ewige Leben zu bekommen.

Aber Gafumba war mit diesem Ergebnis nicht zufrieden. „Ich werde selbst eine magische Melodie spielen", sagte Gafumba mit donnernder Stimme. „Dieses Mal wird der Grund geöffnet und diese Weißhäutigen werden verschluckt." Gafumba packte die magische Flöte von Bwenje und spielte die Melodie der großen Tragödie. Es war ein sehr großer Fehler. In dem Moment, in dem er spielte, öffnete sich die Erde und alle Kinder von Hameln wurden zusammen mit dem bösen Gafumba verschluckt.

Es war so heiß, es stank und war äußerst dunkel tief in der Erde. Unheimliche Stimmen von Eulen und Bewegungen von seltsamen unsichtbaren Kreaturen waren auch in der Erde.

Während die Kinder an diesem Ort ziellos in der Dunkelheit umherzogen, hatten sie die Hoffnung, dass sie eines Tages ihren Weg auf die Erde finden.

Sie fingen an, die großen Stangen, die die Erde unter den Polen festhalten, zu schütteln. Diese Stangen sind wie starke Wurzeln im Boden, und die Erde ist der große Baum. Also, immer wenn diese Kinder die Stangen unter den östlichen Polen schüttelten, erlebten die Länder im östlichen Teil der Welt Erdbeben. Immer, wenn sie Stangen unter den West-, Nord- oder Südpolen schüttelten, kamen Erdbeben in diesem Teil der Erde.

Jahre vergingen, von Generation zu Generation sind Jahrhunderte vergangen, aber die Kinder von Hameln sind nie gestorben, weil sie das Wasser vom Fluss Bulamu getrunken haben und sofort unsterblich wurden. Sie sind immer noch unter der Erde, wo sie sich von Erde und Feuchtigkeit ernähren.

Sie haben nie die Hoffnung verloren. Sie geben nie auf. Sie schütteln die großen Pole unter der Erde in der Hoffnung, ihren Weg zu finden oder einfach nur, um den Menschen in Hameln mitzuteilen, dass sie noch leben und Hilfe brauchen.

In unserer Zeit erlebten einige Teile der Welt wie Haiti, einige Länder des Nahen Ostens und andere Teile der Welt starke Erdbeben, weil diese Kinder die Welt aus dem Untergrund erschüttern. Und sie werden die Pole unter der Erde weiterhin schütteln, wenn niemand zu ihrer Rettung kommt.

Ich hoffe, dass die Kinder von Hameln eines Tages ihren Weg aus der Tiefe der Erde finden. Sonst werden viele Menschen weiterhin auf Grund von Erdbeben sterben, wenn die Kinder ihren Weg aus der Tiefe der Erde zu finden versuchen.

Liebe – stärker als jeder Zauber

EKATERINA LAZARENKOVA, RUSSISCHE FÖDERATION

I n der Nacht des Kinderraubs stand der Mann im bunten Anzug auf der Straße. Er spielte auf seiner Flöte, den Blick auf Häuser gerichtet. Diese für Erwachsene unhörbare Musik ertönte immer lauter und zog die Kinder magisch an, so dass sie mitten in der Nacht, ohne einen Augenblick zu zögern, ihre warmen Betten verließen und sich auf den Weg machten. Ganz unbewusst folgten sie dieser Musik. Die Kinder kamen zu dem Mann heran und begannen, in Reigen um ihn herumzutanzen.

Der Rattenfänger spielte auf seiner Flöte noch eine Weile, bis sich alle Kinder neben ihm versammelt hatten. Er hatte die feste Absicht, den Eltern von Hameln alle Kinder wegzunehmen. Das machte er zu seiner Belohnung für die Vertreibung der Ratten aus der Stadt und als grausame Strafe für geizige Erwachsene.

Er schlug den Weg zum Wald ein, der in der Nacht besonders fürchterlich aussah. Die Kinder schienen aber gar keine Angst davor zu haben. Im Banne der Flötenmusik folgten sie dem Mann in sein Königreich, das sich am versteckten Ort im Schwarzen Berg verbarg. Der Eingang in dieses Königreich befand sich direkt hinter dem Walde, am Fuße des Schwarzen Bergs, ließ sich aber nicht mit bloßem Auge ausmachen.

Der Mann im bunten Anzug hatte nicht bemerkt, dass noch ein Kind in Hameln blieb. Das war ein Junge von sechzehn Jahren namens Paul. Er war taub, und die magische Flötenmusik konnte ihn durch seine Ohren nicht verzaubern.

Paul war ein schöner Bursche mit dichtem, schwarzem Haar, das von den Ratten während ihrer Anfälle unberührt blieb. Der Junge ließ sich nur selten sehen.

Er verbrachte fast die ganze Zeit zu Hause und besuchte die Schule nicht, dennoch war er ein außergewöhnlich kluger Sohn. Er wusste immer, welchen Krug er seiner Mutter reichen muss oder welche Kräuter er für sie im Walde zu pflücken hat. Paul verstand seine Mutter ohne Worte, die er nie hören konnte. Sie lebten in einer armseligen Hütte, ganz am Waldesrande. Die Bewohner der Stadt mieden diese Hütte, weil sie ihnen wohl seltsam vorkam; außerdem hatte man in der Stadt Angst vor Pauls Mutter, die ein Kräuterweib war. Sie trug das zerlumpte Kleid mit der beschmutzten Schürze, ihr Haar war grau und immer mit einem Tuch bedeckt. Den Anderen bangte es vor ihr, denn man munkelte, dass die Alte in menschliche Seelen hineinblicken konnte und dabei sah sie immer nur das Schlimmste, was einen auf seinem Lebensweg zu erwarten vermochte.

Das alte Kräuterweib war jedoch die Einzige von den Erwachsenen, die in dieser Nacht erwachte. Durch das Loch im Tuch, mit dem das Fenster verhängt wurde, spähte sie heimlich nach dem Rattenfänger. Ihr Sohn schlief fest und tief. Seine Taubheit rettete ihn vor dem Zauber. Doch die Alte konnte sich nicht ihren Sohn ansehen, ohne dass ihr Tränen in die Augen kamen. Nun war es ihr klar, ihr Paul musste bald einen dornenreichen Weg gehen, und diese Sorgen machten ihr Haar noch grauer.

Die unruhige Nacht fand langsam ihr Ende. Der Rattenfänger hatte inzwischen die Kinder fast bis zu seiner geheimen Höhle im Berg gebracht. Er spielte nicht mehr auf der Flöte. Sie spielte nun von selbst und schwebte in der Luft. Er befahl der Flöte, mit der Musik aufzuhören. Im Nu verstummten alle Klänge. Die tanzenden Kinder wurden auf einmal starr. Es war so, als ob sie mit offenen Augen und stehend schliefen.

Da begann der Mann im bunten Anzug dunkle, fremde Worte zu flüstern und etwas mit seiner Hand in die Luft zu schreiben. Dröhnend hagelten plötzlich Steine von allen Seiten, der Boden schwankte, der Berg barst und zerbrach in zwei Teile. Da war dieser geheime Durchgang endlich zu sehen.

Der Zauber wurde gebannt und die Kinder, von Entsetzen gepackt, wollten schreien, konnten aber keinen Laut aus der Kehle bringen. Sie wollten weglaufen, konnten sich aber nicht bewegen.

EKATERINA LAZARENKOVA, RUSSISCHE FÖDERATION

„Man kann hier nicht weglaufen!", brummte der Mann. Er winkte mit der Hand und alle Kinder gingen gehorsam in den Berg hinein, der Rattenfänger ging auch hinein, ihm folgte seine Zauberflöte. Danach schloss sich der Berg, als ob nichts geschehen wäre.

Alle gelangten in einen Tunnel, der von den an Wänden hängenden Fackeln beleuchtet wurde. Die Kinder machten noch ein paar Schritte und traten auf die Lichtung. Der Mann winkte mit seiner Linken zweimal und verwandelte die Kinder in schwarze Saatkrähen.

Ganz in der Mitte der Lichtung stand einsam eine alte, vertrocknete Eiche, die eine Höhlung hatte. Eben gerade darin siedelte er die armen Vögel an. Im schwarzen Federkleid vergaßen sie ihre Eltern. Die Lichtung, auf der die verwandelten Kinder von nun an daheim waren, wurde von den blätterlosen, schwarzen Bäumen umgeben. Hinter denen ließ sich das Schloss des ehemaligen Rattenfängers erblicken. Da lag es, in Nebel eingehüllt, ganz dunkel und mächtig.

Der Mann saß in dem höchsten Turm des Schlosses und betrachtete Hameln durch seine Glaskugel, um sich nochmal zu überzeugen, dass keine Kinder in der Stadt geblieben waren. Die Glaskugel zeigte dem Mann jedes Haus von innen. Die Erwachsenen schliefen noch fest, denn es tagte noch kaum. Nun war das Haus des alten Kräuterweibs an der Reihe. Den Jungen ertappte die Glaskugel aber nicht. Seine Mutter gab ihm einen Zaubertrank. Als Paul den ausgetrunken hatte, wurde er sofort faustgroß. Er versteckte sich in der Schürzentasche seiner Mutter und machte sich nicht bemerkbar.

Leichten Herzens bedeckte der Mann seine Glaskugel mit dem Tuch und ging schlafen. Während die Sonne in Hameln aufging, wurde es in seinem Königreich Nacht.

Die Erwachsenen erwachten gerade aus dem Schlafe. Sie waren sich nicht im Klaren, was vorige Nacht geschah und erinnerten sich nicht einmal daran, dass sie jemals Kinder hatten.

Nach drei Stunden verlor der Trank seine Wirksamkeit, und Paul wurde wieder so groß, wie er war. Die Alte stand hinter dem Jungen. Leise etwas flüsternd, fuhr sie mit ihren Händen über seinen Kopf, so dass zwei kleine Eicheln aus seinen Ohren fielen. Nun konnte er alles hören und auch sprechen.

Zum ersten Mal hörte er da seine Mutter sprechen. Sie erzählte ihm die ganze traurige Geschichte über die gestohlenen Kinder und den Rattenfänger, der in Wirklichkeit ein mächtiger Zauberer war. Das alte Kräuterweib wusste, dass dieser Tag kommen sollte, davor beschützte sie Paul mit ihrer Kunst. „Du kannst nicht länger in der Stadt bleiben, mein Söhnchen, sonst ist es um dich geschehen", mahnte die Mutter, „du hast nun den Zauberer zu besiegen und die Kinder zu befreien. Nur du allein".

Mit diesen Worten machte sie Paul reisefertig und gab ihm zum Abschied drei Gegenstände: den Apfel der Jugend, den Zweig des ewig grünen Baums und ein kleines Silberhämmerchen.

Am Abend verließ der Junge die Stadt. Sein Weg führte durch den Wald, in dem die alte Hexe, die Cousine seiner Mutter, lebte. Sie konnte dem Jungen weiterhelfen. Als Paul die Hütte der Hexe erreichte, brach die Nacht herein.

EKATERINA LAZARENKOVA, RUSSISCHE FÖDERATION

Vor vielen Jahren verlor die Alte ihren Schlaf und verbrachte die Nächte damit, magische Bücher zu lesen und zu schreiben. Für sie war es keine Überraschung, dass Paul zu ihr kam. „Du suchst nach einem Eingang in das Königreich im Berg, Bursche!", sagte die Hexe. „Was du suchst, ist am anderen Ende der Welt. Der zweite geheime Eingang am Fuße des weißen Bergs. Denke daran, dass du genau diesen Eingang und diesen Berg brauchst. Nicht den, der hinter dem Walde ist. Nicht den!" Ohne ein Wort der Erklärung gab sie ihm ein Knäuel, dem der Junge im Morgenrot folgen musste. „Stell keine Fragen und geh gleich schlafen. Morgen ist auch noch ein Tag", brummte die Hexe.

Der Junge schlief sofort ein. Am Morgen dankte er der Alten für ihre Hilfe, gab ihr den Zauberapfel. Sie aß den und wurde viel jünger und schöner.

Paul warf das Knäuel auf den Boden und es rollte rasch vorwärts. Der Junge musste achtgeben, dass er das Knäuel nicht verlor und lief so schnell, wie es ging. Gegen Abend stand das Knäuel auf einmal still, gerade vor einer Höhle. Zögernd ging Paul hinein, da sah er ein geflügeltes Ross liegen. Das Tier war erschöpft, sein linker Flügel war gebrochen. Der Junge holte aus seiner Tasche einen grünen Zweig und reichte ihn dem Tiere. Das entkräftete Ross aß den Zweig, und sein Flügel wurde im Handumdrehen geheilt. Paul erzählte dem Ross seine Geschichte, dass er auf der Suche nach dem zweiten Eingang in das Schwarze Königreich war. Das Ross schnaubte, es warnte den Jungen vor seiner Idee, den Zauberer zu besiegen. Paul nahm aber seinen Mut zusammen und ließ sich von den Worten des Rosses nicht Bange machen, sondern bat das Tier um Hilfe.

Das Ross nahm den Jungen auf den Rücken und flog auf. Die ganze Nacht verbrachten sie im Himmel. Früh am Morgen erreichten sie das Ufer, an dem das Ross den Jungen absteigen ließ und fort flog. Paul ging den Fluss entlang. Bald sah er einen großen Stein im Wasser liegen; er hemmte den Fluss, der nicht ruhig fließen konnte. Paul nahm sein Hämmerchen und schlug dreimal auf den Stein, so dass der gleich zersplitterte.

Der Fluss bedankte sich für die Hilfe und fragte, ob er auch helfen könnte. Paul erzählte dann alles. „Wohlan, ich helfe dir. Dazu brauchst du aber ein Floß", gab der Fluss zur Antwort.

Paul bastelte sofort ein kleines Floß, und der Fluss trieb ihn vorwärts zum ersehnten weißen Berg. Am Abend erreichte Paul das Ziel. Ganz in der Ferne sah er den Berg, der sich im dichten Nebel versteckte. Der Junge schöpfte belebendes Wasser aus dem Fluss in den Krug, bedankte sich und ging weiter.

Im Zauberreich brach der Morgen an, und der Zauberer wurde wach. Wieder suchte er nach Kindern in Hameln durch seine Glaskugel und wieder verlief das ergebnislos. Nun gab es wirklich keine Kinder in der Stadt.

Die Saatkrähen zogen über der alten Eiche wie festgebannt ihre Kreise. Nur ein Vogel saß ruhig auf dem Zweig. Früher war dieser Vogel ein Mädchen namens Anne – die Tochter des Priesters, die in Paul heimlich verliebt war. Sie verriet das aber nicht, denn sie hatte Angst, sich des Vaters Tadel zuzuziehen. Aus dem alten Leben blieb ihr nur diese Erinnerung an ihre Liebe, denn Liebe ist viel stärker als jeder Zauber.

Paul wurde müde. Der Nebel und Baumwurzeln standen dem Jungen im Wege. Ab und zu trank der Junge einen Schluck Wasser, da war es ihm, als würden ihm neue Kräfte zufließen, und er ging weiter. Er kam dem Berg immer näher und je näher er war, desto schwerer war es dem Vogel ums Herz.

Dann flog die kleine Saatkrähe verstohlen am Schloss des Zauberers vorbei, um unbemerkt zu bleiben und kam zum Tunnel herangeflogen, der sich gerade hinter dem Schloss befand. Da gab es einen kleinen Spalt, der nach außen führte, und der Vogel drängte sich durch. Jenseits des Bergs wirkte der Zauber auf Anne noch stärker und sie fiel kraftlos auf den Boden.

Als Paul bis zum Fuße des Berges gelangte, sah er das erstarrte Vögelchen im Gras liegen. Er nahm es auf den Arm und gab dem Vogel einen Schluck Wasser. Darauf sprach der Vogel mit menschlicher Stimme. Paul erkannte Anne in dieser Gestalt, denn auch er liebte sie.

„Du kannst uns retten, Paul. Nimm meine Feder und tunke sie ins belebende Wasser, danach stoß sie in den Hals des Zauberers hinein.", sagte der Vogel.

Paul bemerkte im Felsen einen kleinen Spalt, er schlug dreimal auf ihn und der Spalt wurde etwas größer. Die magische Kraft des Hammers versiegte und er brach in Stücke. Das Loch war immer noch zu klein und Paul konnte sich nicht durchdrängen, der Vogel winkte mit seinem Flügel zweimal und verwandelte Paul in eine Saatkrähe.

Er beobachtete den Zauberer und lernte ein bisschen das Zaubern.

Beide flogen sie in den Spalt hinein. Dann schlichen sie sich als Saatkrähen heimlich in die Kammer des Zauberers. Eine der Saatkrähen winkte zweimal mit dem Flügel und die zweite verwandelte sich in Paul. Der Junge stieß die Feder in den Hals des bösen Zauberers und der fiel leblos hin. Alle Saatkrähen verwandelten sich wieder in Kinder. Das Königreich und den Berg gab es nicht mehr. Nun stand da eine neue schöne Stadt, wo die Kinder glücklich lebten. Von nun an belohnten sie jeden, der Hilfe mitbrachte, damit nichts Schlimmes mehr passierte.

Wege zum Glück

OLESIA KOPOTILOVA, UKRAINE

Wenn Ihr mich so sehr darum bittet, dann muss ich Euch meine Geschichte wohl erzählen, obwohl es eigentlich schon zu spät ist. Aber die Nacht, so sagt man, ist doch die beste Zeit für Geschichten. Wenn Ihr möchtet, könnt Ihr meine gerne hören. Aber ich werde sie nur unter einer Bedingung erzählen: Ihr müsst bis zum Ende zuhören und nicht, wie es diese Erwachsenen tun, nach der Hälfte der Geschichte urteilen und behaupten, ich würde Lügen erzählen. Auch wenn es unglaublich klingen mag, ich sage die Wahrheit. Wenn Eure Vernunft keine Fantasie zulässt, trennen sich unsere Wege hier. Aber wenn Ihr Drachen und Feen mögt, dann seid Ihr bei mir an der richtigen Adresse. Und ich sage Euch, Drachen und Feen existieren nicht nur im Märchen. In der realen Welt gibt es schrecklichere Dinge als Drachen und immer jemanden, der bessere Taten vollbringt als eine Fee. Gerade davon möchte ich Euch erzählen.

Ich erinnere mich an diesen Tag, an dem ich so klein war wie Ihr jetzt. Na ja, jetzt bin ich ein dickbäuchiger beleibter Herr. Aber in jener glücklichen Zeit war ich ein Taugenichts, genau wie mein bester Freund Gottlieb. Er war kleiner als ich und hatte eine Schwester mit dem zauberhaften Namen Narnel. Sie war die älteste von uns und hatte dieses unbestrittene Recht, uns Ohrfeigen zu geben, wenn wir uns besonders schlimm benahmen. Zugegebenermaßen kam das einige Male vor. Für gewöhnlich benahmen wir uns aber natürlich nicht besonders schlimm, und heckten nur Kleinigkeiten aus, über welche selbst Narnel lachte. Narnel ist die Gute dieses Märchens.

OLESIA KOPOTILOVA, UKRAINE

Zurück zur Geschichte. Ich spielte gerade mit Gottlieb. Er war Rattenfänger und ich unser Bürgermeister. Meine Rolle war, mit einem unzufriedenen Gesicht, aber stolz durch die Straße zu stolzieren, so wie es Bürgermeister unserer Meinung nach eben taten. Und als ich das machte und ganz fertig war, den Rattenfänger, genau Gottlieb, aus der Stadt zu vertreiben, wie es vorher unser Bürgermeister zusammen mit allen Bürgern getan hatte, war ich plötzlich offenen Mundes stehengeblieben.

Ich hatte nicht Gottlieb, sondern den richtigen Rattenfänger gesehen. Er war in demselben Rock von vielfarbigem, buntem Tuch gekleidet. Ich erinnere mich sehr gut an den Moment, als er mich ansah. Ich war so beeindruckt, dass ich Gänsehaut bekam. Wortlos nahm er seine Flöte aus der Tasche und begann zu spielen. Bis zum heutigen Tag kann ich mir nicht erklären, was Besonderes an jenem Spiel war, aber ich kann ganz sicher sagen, dass es so etwas war. Die Musik verzauberte mich. Wie blind folgte ich der Musik. Um genau zu sein, schien nicht nur ich von der Melodie geblendet zu sein, sondern auch mein Freund Gottlieb; Narnel und alle anderen Kinder sah ich, wie sie näher kamen, um diese wunderbaren Klänge sich nicht entgehen zu lassen.

Wie Ihr wisst, lautet die erste Regel für alle Kinder: man soll nicht mit Unbekannten mitgehen. Entgegen dieser Faustregel und unseren Eltern zum Trotz folgten wir dem Rattenfänger.

Wir bewegten uns immer weiter von der Stadt weg und waren inzwischen ganz weit weg. Im Kopf behalten habe ich das Bild von dem riesigen Berg, der sich vor uns erhob. Er bot einen bedrohlichen Anblick. Die Berge außerhalb unserer Stadt wurden gefürchtet von den Bewohnern des ganzen Landes. Drachen und andere Bestien gäbe es dort, und wer sie erklimmt, kehre nie wieder zurück.

Wir Kinder merkten jedoch überhaupt nicht, dass wir den Bergen immer näher kamen, dass wir uns schon in verbotenem Gebiet befanden, und liefen blindlings dem Flötenspiel nach. Es schien ganz so, als ob unser Rattenfänger den Weg genau kannte.

Aber wie gelangt man über die Höhen der Berge?

Wie kann man Drachen besiegen?

Ich werde euch ein Geheimnis anvertrauen. Alle riesigen und furchtbaren Dinge in der Welt haben immer ihre schwache Seiten. Dieser Berg war keine Ausnahme. Durch ihn führte ein düsterer Tunnel, ein geheimer Tunnel, von dem vorher niemand wusste.

Nun, ich war ja noch klein, ich habe nicht viel behalten. Jedoch als wir eingetreten waren, schlug mir dieser dumpfe, unangenehme Geruch entgegen, der mir bis heute in der Nase hängen blieb. Solche Dunkelheit habe ich nie in meinem Leben gesehen. Wenn du dort eine Hand vor die Augen halten würdest, wäre es nicht so leicht sie wiederzufinden. Wenn es auf dieser Erde einen Platz gibt, wo niemals die Sonne geschienen hat, war er bestimmt hier.

Ich weiß nicht, wie lange wir schon gegangen waren, als ich plötzlich die Veränderung der Luft spürte und auf einmal wieder Umrisse erkennen konnte. Der Tunnel hellte sich auf, und schon trafen mich die ersten Sonnenstrahlen, streichelten mein Gesicht und füllten mein zuvor angsterfülltes Herz mit Wärme. Es war anfangs schmerzlich für die Augen, aber gut für das Herz, die Sonne wieder zu fühlen.

Wir standen am Berg und vor uns lag ein Flachland und in der Ferne erkannte ich Umrisse wie die von einer Burg.

Ich blieb stehen und sah mich um. Irgendetwas war anders, ich fühlte mich ganz seltsam. Dann wurde es mir klar: Die Musik war verstummt. Kein Laut war mehr zu hören. Ich sah mich um, drehte mich um die eigene Achse, um den Rattenfänger zu erspähen, aber er war wie vom Erdboden verschluckt. Er war verschwunden, genauso schnell wie er erschienen war. Weg, einfach weg! Keine Spur von ihm. Keine Melodie, nur wir verlassenen Kinder.

Die Sonne ging unter. Glaubt mir, alle Drachen zusammen sind nicht so furchteinflößend wie die Erkenntnis, dass du, ein kleiner Junge, ganz alleine und weit weg vom behüteten Heim bist.

Als mir klar wurde, in was für einer verzweifelten Situation ich mich befand, kullerten auch schon die ersten Tränen über meine Wangen. Ich wischte sie schnell weg, denn nur kleine Mädchen weinen. Das dachte ich zumindest damals noch.

OLESIA KOPOTILOVA, UKRAINE

Obwohl, aus meiner eigenen Erfahrung, die großen Männer auch, und hier muss man sich nicht schämen.

„Reiß dich zusammen!", sagte ich mir, „Tränen helfen hier nicht weiter". Ich raffte mich auf, und während Narnel Gottlieb tröstete, stieß ich zu ihnen und schlug vor, zur Burg zu gehen.

Narnel nickte zustimmend und als die Älteste der Gruppe nahm sie die Situation in die Hand. Sie hatte fast jedes Kind getröstet und beruhigt, Paare gebildet, und bald waren wir fertig zum Aufbruch. Na ja, was kann ich noch sagen. Aus einem Mädel ist immer mehr Nutzen zu holen als aus zehn Jungen.

Schließlich erreichten wir unser Ziel. Als wir die Stadt betraten, waren wir alle überrascht. Niemals, niemals in meinem Leben habe ich eine solch wundervolle Stadt gesehen, nur in meinen Träumen, aber in der Wirklichkeit war sie tausendmal schöner. Die Straßen und Häuser waren aus echtem Gold und Silber, statt Wasser im Brunnen flossen Milch und Honig, anstatt mit Geld zahlten sie mit Kuchen. Alles blühte und grünte, und die Bewohner der Stadt waren sehr freundlich zu uns.

Diese merkwürdige Stadt trug den Namen Transsilvanien. Na ja, viele unbekannte, aber schöne Sachen haben merkwürdige Namen. In dieser Stadt wohnten viele Menschen: Familien mit Kindern, Junge und Alte, wie in einer gewöhnlichen Stadt, aber was mir sofort aufgefallen war: Alle benahmen sich wie Kinder. Fast jeden Tag haben sie in den zahlreichen Gärten gespielt und haben dabei immer sehr froh ausgesehen.

Zuerst haben diese guten Leute uns zu essen gegeben und dann wurden wir alle in verschiedenen Familien untergebracht, um dort zu nächtigen.

Am nächsten Tag haben ich, Narnel und Gottlieb mit ihrem Bürgermeister gesprochen.

Es stellte sich heraus, dass sie sogar einen solchen hatten, und obwohl der Bürgermeister der Stadt einen langen Bart trug, einen dicken Bauch vor sich her schob und mindestens 1,90 m groß war, würde ich ihn nicht älter als acht Jahre alt schätzen. Während des Gesprächs hat er viel gelacht, war nicht aufmerksam und hat immer merkwürdige Fragen gestellt, zum Beispiel welche Farbe hat der Himmel in eurer Stadt oder ob ich immer solch einen komischen Gesichtsausdruck habe, wenn jemand mir eine Frage stellt.

Zuerst wollten wir alle erklären, aus welcher Stadt und warum wir gekommen sind, aber dann plötzlich haben wir gemerkt, dass wir das absolut vergessen hatten. Niemand von uns dreien kannte weder den Namen unserer Eltern noch den unserer Heimatstadt. Es schien, als ob wir es überhaupt niemals gewusst hätten, als ob jemand das alles aus unserem Gedächtnis gelöscht hätte. Ehrlich gesagt, der Name unserer Heimatstadt war für den Bürgermeister und für alle andere Bewohner der Stadt ganz egal. Sie interessierten sich dafür nicht. Am wichtigsten war für sie, glücklich zu sein. Fast jeden Tag haben sie Kunst und verschiedene Wissenschaften geübt. Jeden Tag habe ich die Menschen gesehen, die malten, sangen oder probierten sogar zu fliegen. Alle waren beschäftigt, weil man, um glücklich zu sein, etwas tun muss.

Unsere Pflicht war es trotzdem, immer noch die Schule zu besuchen. Aber stellt Euch das nicht so vor wie heute, wo du alles lernen musst, sogar das, was dir nicht gefällt. Am Ende bekommen die meisten Kinder den Ekel vor der Schule. Nein, jeder von uns hat nur das gelernt, woran er oder sie Interesse und Spaß hatten. Zum Beispiel Narnel hat viel gesungen. Ich habe Mathematik und Logik studiert. Und unser kleiner Gottlieb? Ach, ihr werdet überrascht sein! Er, der früher nur mit den Katzen gespielt hatte, spielte jetzt Geige und Klavier. Alle waren erstaunt, was für ein großes Talent er für Musik hatte. Im Alter von sechs Jahren schrieb er seine erste Oper und gab Anlass zu großer Hoffnung.

Jeden Tag haben wir in der Schule verbracht, dann, nach dem Mittagessen, haben wir die Stadt besichtigt und das Leben in Transsilvanien untersucht.

Die Regeln in dieser Stadt waren meiner Meinung nach sehr komisch. Die erste Regel lautete so: man darf nicht zu viel Kuchen essen! Ich denke, diese Regel wurde eingeführt, um einfach irgendwie zu verhindern, das zu viel Kuchen gegessen wird.

Ihr wisst selbst, wie gerne alle Kinder Süßigkeiten mögen. Und obwohl in Transsilvanien viele Erwachsene lebten, waren sie ganz wie Kinder und aßen jeden Tag etwas Süßes.

Die zweite Regel besagte, dass jeder Bewohner der Stadt für die Natur sorgen soll. Man muss sagen, alle Bewohner von Transsilvanien waren sehr gute Gärtner, deshalb hatten sie immer viel Gemüse und Obst. Es schien, dass sie immer Frühling hatten, denn alles war in Blüte und grün.

Und die dritte Regel war überhaupt am lustigsten. Sie wurde fast an jedes Haus geschrieben und wurde als Hauptregel bezeichnet. Sie lautete so: Sei glücklich! Ja, lustig, aber das Geheimnis des Glücks ist sehr einfach: wenn du glücklich sein willst, dann sei es einfach! Alles war sehr einfach, wie immer bei den Kindern, und jetzt verstehe ich auch, wie klug diese Worte sind. Ich hoffe, irgendwann werdet ihr es auch verstehen.

So ist die Zeit vergangen, und wir sind aufgewachsen. Die Kinder, die zuerst wie alle Menschen sein sollten, waren jetzt ganz andere Menschen. Jeder hatte sein eigenes Talent entdeckt und hat hart gearbeitet, um das zu entwickeln.

Aber an einem Tag haben wir noch von einer merkwürdigen Regel erfahren. Nur die Bewohner von Transsilvanien, die hier geboren sind, dürfen hier das ganze Leben lang bleiben. Solche, die hierhergekommen sind, können nicht in dieser Stadt bleiben und müssen eines Tages wieder gehen. Ich also auch. Als ich sechzehn Jahre alt war, entschloss ich mich, nach England zu fahren, um dort weiter Mathematik zu studieren.

Viele Abenteuer habe ich während meiner Reise erlebt, aber das ist eine andere Geschichte. Jetzt bin ich Professor und habe viele Bücher über Logik geschrieben. Aber mein großer Traum ist, ein Kinderbuch zu schreiben, deshalb halten mich fast alle für einen merkwürdigen Menschen. Sogar jetzt noch sagen viele, dass ich wie ein Kind bin, obwohl ich den Titel eines Professors trage. Aber ich denke, es ist besser, lebensfroh wie ein Kind als langweilig wie fast alle Erwachsenen zu sein.

Über das Schicksal der anderen weiß ich sehr wenig. Ich kann nur sagen, dass sie ganz glücklich irgendwo auf dieser Erde leben, weil, wenn du dein Talent gefunden hast, bedeutet das, dass du den Weg zum Glück gefunden hast.

Ich habe gehört, dass Narnel eine Hofdame geworden ist und irgendwo an dem Hof eines Monarchen singt und ihre einzige Sorge ist, was für ein Kleid sie zum heutigen Abend tragen wird.

Unser alter Freund Gottlieb hat die ganze Welt mit seinen Musikkonzerten bereist und gilt als Genie im Bereich der Musik. Man sagt, dass er bis jetzt noch der Wildfang ist, der er schon früher war.

Äußerlich sind wir erwachsen, aber im Innern sind wir Kinder geblieben wie jene Menschen aus Transsilvanien.

Übrigens habe ich diese Stadt auf keiner Karte gefunden. Es ist, als würde diese Stadt nur in meinen Träumen existieren. Sowieso werde ich dort niemals wieder hingehen. Der Weg nach Transsilvanien ist verboten, ähnlich wie der Weg zurück in die Kindheit, aber niemand kann verhindern, in der Seele ein Kind zu bleiben. Ich bin nun mal ein altes Kind, auch wenn Ihr alle über mich lachen werdet.

Und was den Rattenfänger betrifft, na ja, weiß ich nicht, was zu sagen. Wer war er? Niemand weiß es genau. Ich vermute nur, vielleicht ist er nicht so böse, wie alle anderen denken. Er hat uns gezeigt, wie groß die Welt ist. Er hat gezeigt, dass das Leben anders sein kann. Er hat eigentlich gezeigt, dass es am wichtigsten im Leben ist, nicht wie alle anderen zu sein, sondern individuell, und nicht zu leben wie alle normalen Menschen, sondern wie es dein Herz dir sagt.

Mein Herz sagt mir, dass ich in meine Heimatstadt zurückkehren muss. Ein Fremder hat mir einmal die Geschichte über den Rattenfänger und die Kinder erzählt. Ich habe gefragt, in welcher Stadt das passiert ist, und er hat gesagt, dass er, als er in Hameln war, diese Geschichte gehört hatte. Jetzt bin ich gerade auf dem Weg nach Hameln. Mein Herz sagt mir, dass ich, bevor ich sterbe, meine Heimat sehen muss. Ich muss erzählen, wie die Geschichte endet. Bin nur nicht sicher, ob ich genug Kräfte für eine solch lange Reise habe … Ach, aber wie spät es schon ist! Mein Herz sagt mir auch, dass es höchste Zeit ist, dass Ihr in eure Betten geht. Vielleicht werdet Ihr in euren Träumen Transsilvanien sehen!

Im Reich des Affenkönigs

ERIC SAMUEL NODJIMGOTO, KAMERUN

Der Junge, der zurück geblieben war, erzählte dem Bürgermeister, was mit den anderen Kindern geschehen war. Einige Eltern wollten warten und auf die dritte Rückkehr des Rattenfängers hoffen, um ihm endlich sein versprochenes Geld zu bezahlen. Andere meinten, man müsse unbedingt die verzauberten Kinder finden, sonst werde die ganze Stadt in Trauer sein.

In diesem Moment, in dem die Einwohner von Hameln fast hoffnungslos waren, tauchte ein alter Mann mit seiner Katze auf. Er stellte sich vor den Bürgermeister und schlug ihm vor, er werde die Kinder heimbringen, egal wo sie sich befanden. Der Bürgermeister fragte ihn, wie und was er tun könnte, und der alte Mann erwiderte ihm, dass es sein Geheimnis sei. „Wenn Ihr das allerdings nicht wünscht, dann mache ich mich aus dem Staub", sagte er. „Das sind schließlich nicht meine Kinder", fügte der alte Mann hinzu.

Der Bürgermeister und die Einwohner waren mit dem alten Mann einverstanden.

„Aber was bekomme ich danach?", fragte er.

Die Einwohner schlugen ihm Geld vor, wie der Rattenfänger es bekommen sollte, doch er verweigerte es. Dann machten Sie ihm den Vorschlag, die Tochter des Bürgermeisters, die auch verzaubert wurde, zu heiraten.

„Ich habe schon mein Leben hinter mir, Leute", entgegnete er.

„Und was möchtest du eigentlich haben?", fragte ihn der Bürgermeister.

„Ich will der Bürgermeister sein", erwiderte der alte Mann.

„Nein", sagte der Bürgermeister.

„Dann wünsche ich euch alle einen ganz schönen Tag", fügte der alte Mann hinzu.

Kaum hatte er sich umgedreht, rief ihn die Frau des Bürgermeisters. „Du wirst Bürgermeister von Hameln sein, aber nur unter der Bedingung, dass du all diese verzauberten Kinder unversehrt zurückbringst".

Nach dieser Abmachung verlangte der alte Mann, dass der zurück gebliebene Junge ihn begleiten solle. Jetzt waren sie zu dritt: der alte Mann, seine Katze und der Junge. Neben seiner Fähigkeit, die Gedanken von Menschen und Tieren zu lesen, war dieser alte Mann auch fähig, mit Tieren unter und auf der Erde, im Wasser und in der Luft zu kommunizieren.

Die drei gingen bis zum Poppenberg, wo die Kinder verschwunden waren. Dort holte der alte Mann zwei rote Mäntel aus seiner Tasche und übergab dem Jungen einen. Er forderte den Jungen danach auf, seine Augen zu schließen. Als sie beide ihre Augen aufmachten, tauchten sie plötzlich irgendwo in einem Königreich unter der Erde wieder auf, wo Menschen und Tiere zusammen lebten. In diesem Königreich war ein Affe König. Es herrschte großer Hunger dort und die Einwohner konnten kein Getreide und Obst anbauen, weil es dort nie regnete und der Boden unfruchtbar war. Als Lösung für dieses Problem schickte der Affenkönig seine Abgesandten überall auf die fünf Kontinente. Diese Abgesandten sollten immer mit Vorräten gegen eine erwiesene Gefälligkeit zurückkehren. Jeden Freitag gab es eine große Versammlung, wobei jeder Abgesandte seinen Bericht geben sollte.

Der Abgesandte, der auf dem ersten Kontinent war, gab seinen Bericht: „Ich war in einem Dorf, wo Männer und Frauen nur Kaffee anbauten. Ich habe mit ihnen den ganzen Tag gearbeitet und am Ende bekam ich viele Kaffeesäcke. Ich habe genug für das ganze Königreich".

Der nächste Abgesandte erzählte, was er

gemacht hatte: „Ich war in einem sehr kleinen Dorf", sagte er. „Dort habe ich nur Frauen mit Babys auf dem Rücken getroffen. Sie zerstampften Hirse in einem Mörser. Ich habe diesen Frauen geholfen und als Gegenleistung gaben sie mir Hirse. Und selbstverständlich habe ich genug für das ganze Königreich.

„Gut", fügte der Affenkönig hinzu.

Der dritte Abgesandte berichtete über seinen Aufenthalt in dem Land, in dem er gewesen war. In diesem Land, erzählte er, habe ich Kinder, Frauen und Männer getroffen, die in einem Reisfeld arbeiteten. „Ich arbeitete den ganzen Tag mit ihnen und zum Ausgleich bekam ich viele Reissäcke, die auch für uns alle reichen."

Der vierte gab seinen Bericht und erklärte dem Affenkönig, wo er gewesen war und wie er dort geholfen hatte. „Was mich betrifft", fügte er hinzu „habe ich Fischer getroffen. Zusammen haben wir Fische gefangen und gegen diese Leistung gaben sie mir Fische, mein geehrter König".

„Und wo warst du?" fragte der Affenkönig den letzten Abgesandten.

Dieser Abgesandte war der Rattenfänger. Er begann zu sprechen. „Ich war in einer Stadt, die Hameln heißt. Ratten und Mäuse störten die Menschen dort. Diese Tiere hausten schrecklich und fraßen den Menschen die Haare vom Kopf. Mit meiner Zauberflöte sammelte ich all diese Ratten und Mäuse um mich herum und die folgten mir in einen Fluss namens Weser. In diesem Fluss ertranken sie alle. Ich sollte als Gegenleistung bezahlt werden, aber die Bürger verweigerten es, mich zu bezahlen. Deshalb bin ich weggegangen und bin erst am 24. Juni, am Tag Johannes des Täufers wieder erschienen. Ich ließ meine Pfeife in den Gassen hören und da kamen nicht nur Ratten und Mäuse, sondern auch Kinder. Verzaubert folgten sie mir bis auf dem Poppenberg, wo ich mit ihnen verschwand. Erst hier tauche ich wieder auf."

„Und Rattenfänger, wo sind diese Kinder", fragte der Affenkönig."

„Sie sind alle hier", erwiderte der Rattenfänger.

Der Affenkönig beschloss alle diese Kinder ins Gefängnis zu schicken und später als Futter für die Fische im Königreichsee zu verwenden.

In diesem Moment kam der alte Mann mit seiner Katze und dem Jungen. Der alte Mann schlug dem Affenkönig vor, dass diese Kinder zunächst als Diener arbeiten müssten.

ERIC SAMUEL NODJIMGOTO, KAMERUN

„Und warum als Diener?", fragte der Affenkönig.

„Damit sie den Rattenfänger auf diese Art bezahlen können, was ihre Eltern eigentlich hätten tun sollen. Zudem", fügte der alte Mann hinzu, „können Sie sie, mein geehrter König, im Auge haben."

„Du hast völlig Recht, alter Mann", erwiderte der Affenkönig.

Diese Kinder wurden dann zu dem Affenkönig geführt. Sie machten alles: kehren, kochen und viele andere Hausarbeiten.

Eines Abends, bei einem großen Fest im Königreich, lud der alte Mann seine besten Freunde zu einem Treffen am Ufer des Flusses ein. „In den kommenden Tagen werden diese Kinder in diesem Fluss als Futter für die Fische dienen", erklärte der alte Mann. Am Ufer traf der alte Mann mit seiner Katze, den Hund, den Esel, den Hahn und den Riesenfisch des Königreiches. Nach einer Stunde zerstreuten sich alle wieder. In der Nacht, als das Fest noch interessanter wurde, verließen der alte Mann und seine Freunde den Festplatz und gingen Richtung Affenkönigshaus. Der Junge blieb aber am Festplatz.

Als sie weggingen, vergaßen der Hund und der Esel jedoch nicht, den Wein und das Fleisch mitzunehmen. Wer diesen Wein trank und das Fleisch aß, sollte den Verstand verlieren und keine Geheimnisse für sich behalten können.

Beim Affenkönig fanden sie zwei Wächter am Haupteingang vor. Die Katze und der alte Mann näherten sich diesen Wächtern und boten ihnen den Wein und das Fleisch an. „Wollt ihr auch mit uns feiern?" fragte die Katze.

„Nein!", erwiderte der erste Wächter. Dann fügte der zweite Wächter hinzu: „Diese Leute sind so nett, sie haben an uns gedacht. Deshalb können wir ihren Vorschlag doch nicht ablehnen". So tranken die beiden Wächter die Weinflaschen aus und aßen das Fleisch auf. Ein paar Minuten später begannen die Wächter lauter zu sprechen und zu singen, weil sie schon besoffen waren.

Der Hahn fragte die Wächter, wo die Kinder schliefen und bekam selbstverständlich die richtige Antwort. Sie hatten aber keinen Schlüssel. Die Katze ging schon einmal vor und konnte die Schlüssel finden. Somit konnten der Hund und der Esel die Tür aufmachen. Nun gingen alle, bis auf den Hund, der die Wächter ablenken und zugleich aufpassen sollte, hinein in das Affenkönigshaus. Sie suchten die Kinder überall, denn dieses Haus war sehr groß. Der Esel und der Hahn fanden endlich den Schlafplatz der Kinder. Sie weckten die Kinder auf und verließen das Königshaus mit ihnen, aber nicht das Königreich. Sie gingen mit den Kindern an das Ufer des Flusses und trafen auf den Riesenfisch. Sie versteckten alle Kinder im Bauch des riesigen Fisches.

Der alte Mann, die Katze, der Hund, der Esel und der Hahn verließen anschließend den Fluss und kehrten zum Festplatz zurück. Am Ende des Festes wollten sie dann gehen, doch war der Junge nirgendwo zu sehen.

Denn als der Rattenfänger den Jungen erkannte, verwandelte er ihn in eine Ratte. Die Ratte verschwand dann im Busch.

Der alte Mann konnte jedoch nicht mit leeren Händen nach Hameln zurückkehren, denn er musste ja sein Versprechen halten. Der Hund, die Katze, der Hahn und der Esel begannen alle, nach dem Jungen zu suchen.

Der Affenkönig seinerseits kam nicht auf die Idee, dass er von dem alten Mann hintergegangen wurde. Er stellte jedoch fest, dass die verzauberten Kinder entkommen waren.

Der alte Mann und seine Freunde waren immer noch auf der Suche nach dem Jungen, und der Affenkönig und seine Soldaten waren auf der Suche nach allen 130 Kindern von Hameln, doch leider erfolglos.

Der alte Mann und seine Freunde gingen auf die Jagd, um etwas zu essen für die Kinder zu fangen. Im Wald begann der alte Mann, die Gedanken der Tiere zu lesen. Nicht so weit von ihnen entdeckte der Hahn eine erschöpfte und hungrige Ratte. Der alte Mann wusste, dass es der Junge von Hameln war. Er verwandelte ihn in zurück in den Jungen, und alle gingen zusammen in den Fluss.

Nach ein paar Tagen der Suche nach den Kindern, kam der Affenkönig zur Feststellung, dass ihm der Alte einen falschen Vorschlag gemacht hatte. Er suchte nun den alten Mann und die Kinder.

Am Fluss rief der alte Mann den Riesenfisch und der Riesenfisch kam aus dem Wasser. Der alte Mann und der Junge stiegen auch in den Riesenfisch ein.

Der Hund, der Esel, der Hahn und die Katze wollten aber gar nicht nach Hameln. Sie verließen das Königreich und gingen alle vier nach Bremen. Der Riesenfisch verschwand im Wasser. So verließen alle schließlich das Affenkönigreich.

Der Affenkönig verhaftete den Rattenfänger, der der Beihilfe zum Verschwinden der Kinder beschuldigt wurde. Auch beschlagnahmte er seine Zauberflöte und die bunten Kleider und verwies ihn letztlich aus dem Königreich.

Der Riesenfisch tauchte mit den Kindern und dem alten Mann an der Weser auf, in dem Fluss, in dem die Ratten und Mäuse ertrunken waren. Sie stiegen alle aus und bedankten sich beim Riesenfisch. Dann verschwand der Riesenfisch.

Die Gruppe ging bis zum Stadttor, wo der alte Mann die Kinder bat, hinter dem Tor zu warten. Er ging allein weiter zum Bürgermeister, der völlig überrascht war, als er den alten Mann wiedersah. Der Bürgermeister hatte keine Hoffnung mehr gehabt, seine Tochter und die anderen Kinder wiederzusehen. Er versammelte die Bürger und ging zusammen mit dem alten Mann zurück zum Stadttor.

Ein Jahr nach dem Verschwinden am 24. Juni, dem Tag von Johannes dem Täufer, kehrten die 130 Kinder von Hameln wieder nach Hause zurück. Die Eltern freuten sich sehr, ihre Töchter und Söhne wiederzusehen.

Dann wandte sich der alte Mann an den Bürgermeister: „Erinnern Sie sich, Herr Bürgermeister, an unsere Abmachung"?

Der Bürgermeister bejahte und erklärte den Einwohnern von Hameln: „Von nun an ist der alte Mann der neue Bürgermeister".

Der alte Mann begann zu sprechen. Er wandte sich zuerst an die Hamelner, dass sie nie wieder einen Fremden abschätzig behandeln sollten. „Seid immer nett und vor allem ehrlich zu Fremden. A propos Ehrlichkeit, Herr Bürgermeister, Sie haben Ihr Versprechen gehalten. Ich will aber nicht Bürgermeister sein. Ich möchte nur mit euch hier in Hameln leben. Ich kann wegen meiner Hilfe für eure Kinder nicht mehr in dieses Königreich zurückkehren."

Sie akzeptierten den alten Mann als Mitbürger. Um die Rückkehr der vorher verlorenen und nun wiedergefundenen Kinder zu feiern, organisierte der Bürgermeister ein großes Fest zu Ehren des alten Mannes.

Die Hamelner hörten nie wieder etwas von dem Rattenfänger, und alle lebten friedlich von diesem Tag an.

Auf der Wunderinsel

THITIRAT URAISIN, THAILAND

„Phra Apai Mani" ist ein sehr berühmtes Märchen in Thailand. Es wurde von dem Dichter Sunthon Phu im 19. Jahrhundert geschrieben. Die Geschichte handelt von dem Abenteuer und der Liebesgeschichte des Prinzen Phra Apai Mani. Der Prinz und sein Bruder Sri Su Wan haben das Königreich ihres Vaters verlassen.
Phra Apai Mani war gut darin, die thailändische Flöte, die Pi heißt, zu spielen. Wer den Klang seiner Zauberflöte hörte, schlief sofort ein. Eines Tages wurde er von einer Meeresriesin entführt. Sie wollte ihn als ihren Mann haben.
  Später entkam Phra Apai Mani mit seinem Sohn Sin Samut seiner Riesin-Frau auf die Insel Kokaew Phitsadan (Wunderinsel).

Das ist der Moment, wo er auf den Flötenspieler und die deutschen Kinder Marko und Sofie trifft ...

—

Marko, ein zwölf Jahre alter Junge, war auf einem großen Schiff auf dem Meer, wo, wusste er nicht. Er war sehr verwirrt. Er wusste auch nicht, warum er und die anderen hundertneunundzwanzig Kinder aus seiner Heimatstadt Hameln hier waren. Sofie, seine acht Jahre alte Schwester, saß neben ihm und weinte.
  „Wo sind wir, Bruder?", fragte sie mit ihrem Gesicht voller Tränen „Warum sind wir hier? Ich möchte nach Hause. Ich möchte Mama sehen!"

THITIRAT URAISIN, THAILAND

Warum waren sie beide hier? Er wollte das auch wissen. Er erinnerte sich nur, dass er mit seinen Freunden auf dem Markt spielte, bevor er die Musik von irgendwoher hörte und sein Bewusstsein verlor …

Er sah sich auf dem Schiff um und fand einen Mann in bunter Kleidung, der vorne saß. Der Mann sah sehr ernst aus. Er war besorgt und verwirrt über etwas. Marko kannte diesen Mann! Er war nach Hameln gekommen und hatte die Stadt nur mit seiner Flöte von Ratten und Mäusen befreit. Marko war sicher, dass er sie alle auch mit seiner Flöte hierhergebracht hatte. Zuerst hatte er Angst vor dem Mann. Dann begann er, böse zu sein. Es gab viele Kinder, die laut weinten und nach Hause zu ihren Eltern wollten.

„Bring uns nach Hause!", schrie Marko den Rattenfänger an.

„Das geht aber nicht!", antwortete dieser ärgerlich. „Eure Eltern gaben mir kein Geld. Ich habe die Ratten und Mäuse in eurer Stadt weg gemacht. Dafür möchte ich meine Belohnung bekommen."

„Aber unsere Stadt ist arm und hat kein Geld mehr."

„Der Bürgermeister versprach, mich zu belohnen. Und was ist die große schwarze Wolke da?", der Mann sah in den Himmel.

Plötzlich kam lautes Donnergeräusch. Der Himmel verdunkelte sich und der Regen begann zu fallen. Die Matrosen liefen auf dem ganzen Schiff herum.

„Bereitet Euch auf den Sturm vor!", schrie der Kapitän.

Die Kinder waren in Panik. „Hilf mir! Hilf mir!" „Papa!" „Mama!"

„Ich habe Angst, Bruder!", Sofie umarmte ihren Bruder.

Die starken Wellen schlugen auf das Schiff, und das Schiff zerbrach in zwei Stücke. Die beiden Kinder fielen ins Wasser. Und Marko wusste nichts mehr …

„Hey! Wach auf!" Marko hörte eine Stimme. Er roch die Essenzen des Meeres und des Sandes. War er schon gestorben?

„Wach auf!" Dann kam die ärgerliche Stimme.

Der Junge musste seine Augen öffnen. Er sah weißen Sand und hohe Kokospalmen. Eine Insel?

Vor ihm stand ein alter Mann.

„Wo bin ich?", fragte Marko, als er sich aufsetzte, „und wo ist meine Schwester?"

„Da", der alte Mann zeigte auf die Kokospalme, „dort sitzt sie mit dem lustigen bunten Mann."

Sofie saß bei dem Flötenspieler. Als sie ihren Bruder sah, lief sie zu ihm und umarmte ihn. „Marko!"

Der Flötenspieler machte ein komisches Gesicht, aber er sagte nichts.

„Warum sind wir noch am Leben?"

„Der Zauberer da hat uns gerettet", antwortete Sofie.

Der alte Mann oder „der Zauberer" nach Sofies Meinung hatte einen sehr langen Bart und hielt einen langen Zauberstab wie der Zauberer in Märchenbüchern, aber er trug ein Tigerfell als Kleidung, statt den langen Mantel zu tragen. Wie seltsam er aussah!

„Und wo sind die anderen Kinder?", fragte Marco weiter, aber darauf hatte seine Schwester keine Antwort.

„Kommt", sagte der alte Mann plötzlich. „Folgt mir."

Marko und die anderen folgten dem alten Mann in den Tropenwald. Sie kletterten auf einen Berg – der Flötenspieler beklagte sich während des ganzen Weges – und fanden da eine kleine Holzhütte.

„Das ist mein Haus. Erholt Euch hier", sagte der alte Mann. Als alle in der Hütte saßen, winkte er mit seinem Zauberstab, und das Essen und Wasser erschienen.

Sofie war sehr erstaunt. „Sie müssen Zauberer sein!"

„Ich bin kein Zauberer. Ich bin der Einsiedler Yokee. Ich wohne auf dieser Insel, die Kokaew Phitsadan heißt", sagte er. „Und du? Wer seid ihr alle?"

„Ich bin Sofie. Das ist mein Bruder, Marko und das ist ummm..."

„Ich heiße Fabien", sagte der Flötenspieler leise. „Wegen des Sturms versank unser Schiff."

„Das muss eine schwirige Zeit für euch sein. Das tut mir sehr leid."

„Sag mir, warum kennst du unsere Sprache?", fragte Marko. „Du bist kein Deutscher!"

„Oh, das!", sagte der Einsiedler und lächelte. Er suchte etwas und zeigte ihnen die kleinen Früchte Mhak (Betelnuss) auf seiner Hand. „Ich habe einen Zauber auf sie gegossen. Wer diese Mhak gegessen hat, kann in kurzer Zeit fast alle Sprachen verstehen und sprechen."

„Das ist wunderbar!", sagte Marko.

Dann hörten alle sehr laute Geräusche draußen. Der Yokee war besorgt und ernst. „Was ist das? Vielleicht ist etwas passiert. Ich muss gehen." Dann lief er aus der Hütte.

Marko, Sofie und der Flötenspieler gingen auch hinaus.

Am Strand waren ein Mann und ein Junge. Sie versuchten, etwas aus dem Wasser zu ziehen. „Es ist eine Meerjungfrau!", schrie Sofie laut. Die Frau, die der Mann und der Junge aus dem Wasser gezogen hatten, war wirklich eine schöne Meerjungfrau. Sie hatte lange schwarze Haare, ein hübsches Gesicht und einen Fischschwanz. Als der Mann den Yokee sah, lief er schnell zu ihm und sprach die Sprache, die Marko, Sofie und der Flötenspieler nicht verstanden (er sprach Thai):

„Yokee! Bitte hilf uns!", sagte er. Der Mann hatte auch ein schönes Gesicht wie ein Prinz. Obwohl er schmutzige Kleidung trug, sah er noch gut aus. „Ich heiße Phra Apai Mani. Ich bin der Prinz aus dem Rattana-Königreich. Jetzt wurden ich und mein Sohn von der Meeres-Riesin gejagt."

„Die Meeres-Riesin?"

„Sie war meine Frau. Ich liebe sie nicht, aber sie entführte mich und machte mich zu ihrem Mann. Ich bin ein Mensch. Sie ist die Riesin. Wir können nicht zusammenbleiben. Aus diesem Grund entkamen ich und mein Sohn Sin Samut", er zeigte auf den Jungen, der im gleichen Alter wie Sofie war, „mit Hilfe der Meerjungfrau, und sie wird uns nicht zurückbringen."

Überraschend kam die Meeres-Riesin auf die Insel. Sie sah sehr erschreckend und hässlich aus. Sie war sehr, sehr groß und dick, trug kein Hemd und hatte große und scharfe Frontzähne.

„Gebt mir meinen Mann und meinen Sohn zurück!", brüllte sie ärgerlich.

„Natürlich nicht. Du bist eine Riesin. Er ist ein Mensch. Du kannst nicht mit ihm sein", sagte der Yokee.

„Bitte, Mutter", bat Sin Samut die Riesin, „kehren Sie zu ihrer Höhle zurück!" Aber das machte sie noch wütender.

„Ich will dich und deinen Vater zu unserer Höhle zurückbringen. Yokee! Komm und kämpf mit mir! Ich habe keine Angst vor dir. Man kann nicht gegen mich gewinnen."

Plötzlich erinnerte sich Yokee, dass er seinen Zauberstab nicht mitgebracht hatte.
„Oh nein! Ich habe meinen Zauberstab in der Hütte vergessen!"
„Was!", schrien alle.
Die Meeres-Riesin hatte das gehört. Sie lachte so laut, dass die ganze Insel wackelte.
„Dann bereitet euch alle darauf vor, zu sterben!", bellte sie.
Alle waren in Panik.
„Vater, warum nimmst du nicht deine Flöte?", fragte Sin Samut seinen Vater.
„Mit deinem Flötenklang kannst du machen, dass die Mutter geht, oder?"
„Nein, das passt nicht. Mein Zauber mit der Flöte ist nicht stark genug. Ich kann nur Leute einschlafen machen."

Weder Marko noch Sofie verstanden den Dialog, aber sie konnten die Katastrophen-Situation verstehen.
„Fabien, du musst den Leuten mit deiner Flöte helfen", sagte Marko.
„Was!", schrie der Flötenspieler. „Nein. Warum muss ich das tun?"
„Sonst werden wir alle sterben!"
Der Flötenspieler dachte einen Moment darüber nach. „Hmmmm... Du hast ja Recht. Ja, ja. Ich will helfen, aber zuerst müssen alle etwas in ihre Ohren stecken."
Marko lief zu den Leuten, damit sie etwas in ihre Ohren steckten.
Als alle fertig waren, begann Fabien seine Flöte zu spielen. Das Lied war schön und warm.
Als die Meeres-Riesin den Flötenklang hörte, fing sie an zu tanzen! „Was passiert mit mir? Warum kann ich meinen Körper nicht kontrollieren?" Sie tanzte und tanzte. Schritt für Schritt ging sie weg von der Insel, bis niemand mehr sie sehen konnte.
„Du bist unserer Held!", riefen die Kinder.
„Vielen Dank für die Rettung unseres Lebens", sagte Phra Apai Mani (er hatte schon Mhak von dem Yokee gegessen). „Ihr Flötenzauber ist super! Können Sie mir das beibringen?"
„Ah. Ja. Natürlich." Fabien kratzte sich am Kopf.
„Wollt ihr alle hier leben?", fragte Yokee.

Der Flötenspieler starrte die Kinder an. Er bedauerte, dass er etwas schrecklich Falsches mit ihnen gemacht hatte. „Nein. Ich will Marko und Sofie in ihre Heimat zurückbringen. Sie müssen ihre Mutter und ihren Vater vermissen."

„Ist das so?", fragte der Yokee. „Es gibt auch Schiffe, die zu den Inseln kommen. Ihr könnt mit dem Schiff reisen. Bis dahin können du und die Kinder bei mir bleiben."

„Danke schön."

Fabien, der Flötenspieler, und die Kinder blieben noch zwei bis drei Monate auf der Insel. Fabien hat mit dem Prinzen Phra Apai Mani sein Wissen über die Flöte und den Zauber ausgetauscht. Marko und Sofie befreundeten sich mit Sin Samut. Sie haben gelernt, dass Sin Samut so stark wie ein Elefant war.

Als ein Schiff kam, mussten sie sich verabschieden. Sie hatten viel Glück auf dieser Insel erfahren und waren bereit, neue Abenteuer anzufangen.

Agna kehrt heim

MADIYAR TARYBAI, KASACHSTAN

Eines Tages, einige Jahre nachdem die Kinder dem Rattenfänger verzaubert gefolgt waren, kam ein Mädchen in die Stadt Hameln. Zunächst erfuhr niemand von der leisen Ankunft dieses Mädchen. Sie war hoch von Wuchs und sehr merkwürdig gekleidet: sie trug ein in Form einer Tunika geschnittenes Hemd, Pluderhosen, schöne Schulteroberkleidung, eine archaisch anmutende Kopfbedeckung und weiche Schuhe aus Filz. Und sie ritt auf einem Pferd ganz besonderer Art.

In dieser Aufmachung erregte sie doch bald Aufsehen, und die Leute begannen, sich um sie zu scharen. Plötzlich lief aus der Menschenmenge ein alter Mann heraus, der in dem Mädchen seine Tochter erkannt hatte. Der Mann umarmte sie fest und fing an zu weinen. Nach so vielen Jahren hatte er schon nicht mehr darauf gehofft, seine Tochter noch einmal zu sehen. Während ihr Vater sie noch umarmt hielt, begann Agna, denn so hieß das Mädchen, ihre Geschichte zu erzählen …

Der Rattenfänger, so begann Agna, war eigentlich ein gutherziger Mann, und die von ihm entführten Kinder merkten schnell, dass er sie nicht töten würde. Stattdessen brachte er sie weit ostwärts in eine grenzenlose Steppe, wo Nomaden lebten. Kein Hamelner, das wusste der Rattenfänger, würde die Kinder in dieser Steppe finden. Auch könnten die Kleinen nicht selbstständig nach Hause zurückkehren, denn die Weiten der Steppe kannten nur die Nomaden gut. Und der Rattenfänger wusste, dass die Nomaden seine Kinder herzlich aufnehmen würden, weil er auch ihnen einmal geholfen hatte.

Ausführlich und begeistert berichtete Agna von diesen Nomaden. Die Nomaden, so hatte sie gelernt, lebten in Jurten, das sind tragbare Häuser aus Holz und Filz. Da die Nomaden nämlich, wie der Name sagt, viel nomadisierten, also von einem Ort zum anderen zogen, mussten ihre Häuser es aushalten, sehr oft auseinandergenommen, weggetragen und anderswo wieder aufgebaut zu werden.

Um zu überleben, züchteten die Nomaden Hammel, Pferde und Kühe. Jeden Tag aßen sie Fleisch und tranken Milch. Außerdem gab es noch ein eigenartiges säuerliches Getränk aus vergorener Milch bei ihnen, das sie mit Leidenschaft zu jeder Tageszeit trinken konnten, den sogenannten „Kumys".

Schnee, Wind und Eiseskälte machten den Nomaden in ihren baumlosen Steppen nichts aus, denn sie waren groß, tapfer und sehr zäh. Jeder Junge wurde von ihnen zum Krieger erzogen, und alle beherrschten das Schwert und den Bogen gut. Doch nicht nur die Jungen, sondern auch die Mädchen waren stark und außerdem unbeschreiblich schön mit ihrem langen geflochtenen Haar.

Zur Unterhaltung bauten sich viele Nomaden ein Zupfinstrument mit zwei Saiten, die „Dombra", auf der sie zu Volksfesten und wenn die Gäste zu Besuch kamen, spielten. Dieses Instrument hatte einen sehr angenehmen Klang. Die Nomaden veranstalteten sogar untereinander Wettbewerbe im Dombra-Spielen und im Singen, um zu bestimmen, wer von ihnen am ausdrucksvollsten sei.

Außerdem roch es in der Steppe nach einem eigenartigen und besonderen Duft. Es duftete nach den Gräsern, die in der Steppe wuchsen. Diese Gräser nannten die Nomaden „Jusan"...

MADIYAR TARYBAI, KASACHSTAN

An dieser Stelle unterbrach der Vater die Erzählung seiner Tochter. Er war nicht wenig erstaunt darüber, wie es nun aus Agna heraussprudelte, denn sie war einst taubstumm gewesen! Der Alte fragte also, wie sie geheilt worden sei – und wo sein Sohn und ihr jünger Bruder Georg abgeblieben sei.

Agna antwortete ihrem Vater: An jenem Tag, als die Kinder dem Rattenfänger folgten, ging auch sie ihnen nach, weil unter den Kindern ihr jüngerer Bruder war. Dabei konnte sie wirklich gar nichts hören.
　　Sie wusste nicht, wie es den Nomaden schließlich gelungen war, sie zu heilen. Aber nach einigen Monaten kehrte ihr Gehör zurück.
　　Alle anderen Kinder außer Agna erinnerten sich weder an ihre Eltern noch an ihre Stadt. Wahrscheinlich, so dachte das Mädchen, hatte der Rattenfänger sie mit der Musik, die Agna nicht hören konnte, verhext.
　　All diese Kinder wurden größer und zu echten Nomaden erzogen. Sie beherrschten die Militärkunst und wurden geschickte Reiter. Einige spielen auch auf der „Dombra". Sie erlernten die Sprache und die Traditionen der Nomaden.

Wie aber war es Agna unter diesen Umständen gelungen, den Nomaden zu entlaufen? Wie hatte sie den Weg nach Hause gefunden? Diese Fragen ließen den Stadtbewohnern von Hameln keine Ruhe.

Agna erzählte also weiter. Jedes Mal, wenn der erste Schnee im Winter fiel, nahmen die Nomaden die Jagd auf. Diese Zeit nannten sie „Kansonar". Zu dieser Zeit ist es nämlich leicht, ein Tier zu fangen, indem man einfach seinen Spuren folgt. Die Nomaden stellten also Fallen auf. Hauptsächlich waren es Kaninchen, Wölfe und Füchse, die in die Fallen gingen. Und an einem solchen Tag, als alle auf die Jagd gegangen waren, folgte ihnen auch Agna auf ihrem Pferd. Aber sie blieb weit hinter den anderen Reitern zurück, bummelte und dachte nach.
　　Plötzlich bemerkte sie links von sich eine Wölfin, die in eine Falle geraten war. Sie sprang von ihrem Pferd herunter und begann, sich langsam der Wölfin zu nähern. Die Wölfin fletschte die Zähne, denn sie wollte das Mädchen nicht herankommen lassen. Agna aber wollte dem Tier helfen und warf darum zum Zeichen

ihrer Friedfertigkeit ihren Bogen und ihren Speer zu Boden. Die Wölfin beruhigte sich sofort, als ob sie eine gemeinsame Sprache gefunden hätten. Agna befreite die Hinterpfote der Wölfin und ließ sie frei. Die Wölfin verschwand schnell in den Schneewehen.

Während sie noch neben der leeren Falle stand, verstand Agna auf einmal, dass auch sie wie eine Wölfin in der Falle war und dass auch sie frei sein wollte, dorthin zu gehen, wo sie hingehörte. Sie bekam starkes Heimweh und fühlte plötzlich den unbedingten Wunsch, nach Hause zurückzukehren. Sie schaute in die Richtung ihres Bruders und der anderen Kinder, die sich in der Steppe wohlfühlten und sich das Steppenleben und -brauchtum so angeeignet hatten, dass sie ihr Zuhause, ihre Eltern und ihre Heimatstadt wirklich völlig vergessen hatten. Diese Kinder, das erkannte Agna, waren nicht mehr zurückzuholen; sie waren zu Steppenkindern geworden.

 Trotzdem entschied sich Agna fortzulaufen, obwohl sie eigentlich ihren jüngeren Bruder nicht zurücklassen wollte. Doch er war für Hameln verloren wie seine Gefährten. In der darauffolgenden Nacht packte Agna darum allein alles Notwendige für den Weg, nahm das schnellste Pferd von der Koppel und ritt davon.

Agna ritt zwei Tage lang, immer ungefähr gen Westen, doch sie wusste nicht, welche Richtung genau sie einschlagen sollte, und fürchtete, dass ihr Pferd erschöpft sein könnte, bevor sie an den Rand der Steppe kämen.

 Da, plötzlich, tauchte geradewegs vor ihr eine Wölfin auf. Der Schreck fuhr Agna in die Glieder. Dann aber sah sie, dass es dieselbe Wölfin war, der Agna damals geholfen hatte. Agna erkannte sie, als sie sah, dass die Wölfin hinkte. Da blickte Agna dem Tier eindringlich in die Augen und bat es so um Hilfe, denn sie hoffte, daß ihr die Wölfin den kürzesten Weg aus der Steppe zeigen könnte. Die Wölfin nickte mit dem Kopf, als ob sie das Mädchen verstanden hätte, und jagte los. Agnas Pferd galoppierte hinter ihr her. Viele Tage und Nächte verbrachten sie unterwegs, bis sie eines Abends endlich dichte Wälder vor sich sahen. Hinter den Bäumen erspähte Agna einige feste Ziegelhäuser. Das bedeutete, dass dort Menschen lebten. Stadtbewohner wie die Hamelner und keine Nomaden.

Die Wölfin verharrte am Rand des Waldes. Es war zu gefährlich für sie weiter zu gehen. Agna verstand das auch, sie dankte der Wölfin für die Hilfe und nahm von ihr Abschied. Alleine ritt sie weiter. Als sie in die Stadt kam, klopfte sie an die Tür eines Hauses. Eine betagte Frau öffnete ihr. Sie gab ihr Essen und erlaubte Agna, in ihrem Haus zu übernachten. Am nächsten Tag, als Agna erwachte, schien die Sonne, die Sicht war klar, und so beschlossen die Leute dieser Stadt, gemeinsam loszuziehen und Agna zu helfen, in ihre Heimatstadt zurückzufinden.

Und so kam es, dass Agna in ihr Zuhause in Hameln zurückkehrte. Dort war das Leben seit der Entführung von Agna, Georg und den anderen Kindern weitergegangen. Neue Kinder waren zur Welt gekommen. Auf den Straßen wurde gelärmt, gespielt und gefeilscht wie früher, Und die neuen Kinder wuselten hin und her.

Doch Agna betrachtete all dies mit Missmut, nachdem sie erfahren hatte, warum sie und die anderen Kinder damals entführt worden waren; dass nämlich die Stadtbewohner jenen Rattenfänger nicht bezahlt hatten. Sie konnte den Hamelnern den Verlust ihrer Freunde und ihres Bruders nicht verzeihen. Sogar das wilde Tier, die Wölfin, hatte doch mit Gutem auf das Gute geantwortet, als Agna sie befreite und die Wölfin ihr dafür den Weg zeigte. Nur die Stadtmenschen schienen dazu nicht bereit.

Agna wollte wieder fortgehen, zurück in die Steppe, und brachte es doch nicht übers Herz, den alten Vater zurückzulassen. So blieb sie in der Stadt. Doch solange sie lebt, wird Agna nicht müde werden, die Menschen an den Verlust von einst zu erinnern …

Der Professor und der verliebte Rattenfänger

SASHA OCKENDEN, GROSSBRITANNIEN

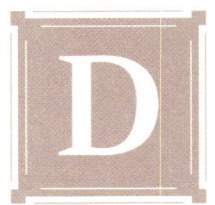

Die Kinder kamen aus dem finsteren Tunnel des Bergs in ein großes Zimmer, das fast so dunkel wie der Berg war. Es gab überall einen seltsamen Geruch, und die Kinder konnten nur undeutlich die Formen von abertausend Flaschen sehen, die mit einer roten Flüssigkeit gefüllt waren und ordentlich in eigenartige Regale gestellt worden waren. Sie bemerkten aber schwache Lichter an der anderen Ecke des Zimmers und kamen vorsichtig durch eine Tür in einen breiten Hof mit schönen Gebäuden aus Stein. Junge Frauen und Männer gingen im hellen Sonnenschein herum: Alle trugen lange schwarze Kleider und manche trugen sogar schwarze Mützen.

Während die Kinder sich umsahen, erschien ein großer rotwangiger Mann, der sie in einer Sprache anschrie, die sie nicht verstehen konnten. Endlich kam ein anderer Mann, und die verängstigen Kinder wurden aus dem Hof in eine Straße geworfen, die anders war als alles, was sie vorher in ihrem Leben gesehen hatten. Es gab zwar einige Gebäude, die ähnlich wie die der kleinen Stadt Hameln aussahen, aber die meisten waren bunter, lauter und viel interessanter. Es gab eine große Menge von allerlei Menschen: Manche balancierten auf zwei kleinen Rädern, während andere Wagen ganz ohne Pferde fuhren. Sie konnten verschiedene Sprachen hören, aber nicht ihre eigene. Die Kinder waren über alles verblüfft, aber plötzlich hörten sie im Lärm einen sehr bekannten Ton.

Es war die süße Musik des bösen Rattenfängers, der seine Flöte am Straßenrand spielte. Die bunten Kleider trug er aber nicht: er sah dünn und schmutzig aus und hatte auch eine etwas traurige Miene. Es gab einen großen Geldhaufen vor ihm in einer Mütze, und die meisten Leute, die vorbeigingen, gaben ihm wie verzaubert ein paar Münzen. Neben dem Mann waren zahlreiche Ratten, die eine Art Gymnastik machten.

Das älteste und tapferste der Kinder, das Erec hieß, entschloss sich, aus Rache die Flöte des bösen Mannes zu stehlen. Während der Rattenfänger eine Pause machte, nahm Erec die Flöte, rannte zu einem hohen Turm und kletterte hinauf. Als er die Spitze erreichte, warf er die Flöte vom Turm nach unten, sodass sie zerbrach. Er kam wieder zu den anderen Kindern herunter, aber dann sahen sie den Rattenfänger, der ihnen die Straße entlang nachjagte. Die Kinder flohen vor Angst. Sie rannten schneller als der Rattenfänger und kamen endlich in eine alte Kirche, wo sie sich ausruhen konnten. Sie begannen miteinander zu sprechen, doch da kam ein alter Mann, der einen langen, weißen Bart trug.

Er sprach zu ihnen mit einem seltsamen Akzent, aber in ihrer eigenen Sprache, und erklärte ihnen, dass sie in einer englischen Stadt waren, die Oxford hieß. Er sagte, es sei zweitausend Jahre nach der Geburt von Christus, und dass sie sich in der Kirche der Heiligen Frideswide befänden, wohin er jeden Abend komme, um die Musik zu hören. Er hätte sie für Touristen gehalten, wenn er nicht Professor für Mittelhochdeutsch an der Universität gewesen wäre. Er erzählte ihnen von den Menschen auf Rädern, die er „Fahrräder" nannte, und den schnellen Wagen, die er „Autos" nannte.

Die Kinder versuchten, das alles zu verstehen, aber in diesem Moment kam der Rattenfänger in die Kirche herein. Er entschuldigte sich bei den Kindern und erklärte, er habe nicht vorgehabt, sie von ihren Familien zu trennen. Er habe sie nur als Geiseln nehmen wollen, bis er bezahlt wurde, aber er habe sich unter dem Berg einfach verirrt, als er zurück zu der Höhle ging, wo er wohnte. Er sei in dieser Stadt herausgekommen und spielte seine Flöte auf den Straßen, um Geld zu verdienen.

Der Professor hörte das alles erstaunt und sagte, er habe den Mann spielen hören. Die Flöte nannte der Professor „eine Klarinette" und er war traurig darüber, dass sie zerbrochen worden war. Kurz darauf sagte er nachdenklich: „Zauber hat Sie alle hierhergebracht und Sie brauchen also denselben Zauber, um heimzukommen. Ich rate Ihnen, zu einer Tischlerin zu gehen, die die Klarinette reparieren kann. Sie wohnt in einem hölzernen Haus auf Headington Hill. Ich kann Ihnen den Weg zeigen."

Alle stimmten zu, und sie gingen mit dem Professor bis zu dem Haus, aber dann musste er sich verabschieden, um eine Unterrichtsstunde in der Stadt zu geben.

Der Rattenfänger klopfte an die kleine Tür des Hauses, und eine kleine, schwarzhaarige Frau kam heraus. Sie war sehr schön, und der Rattenfänger verliebte sich auf den ersten Blick in sie. Er gab ihr das ganze Geld, das er verdient hatte und bat sie mit Gesten darum, seine Klarinette zu reparieren, da er des Englischen nicht mächtig war.

Die kleine Tischlerin war aber sehr gierig und wollte immer mehr Geld. Deshalb reparierte sie die Klarinette, aber danach zwang sie den verliebten Rattenfänger, jeden Tag mit der Klarinette in die Stadt zu gehen und Geld für sie zu verdienen. Er glaubte, dass die Kinder bei ihr sicher seien, aber sie sorgte dafür, dass die Kinder die ganze Hausarbeit machten, und gab ihnen fast nichts zu essen.

Eines Tages hatte der tapfere Erec genug davon und ging nach draußen in den Garten, wo ein Fahrrad stand. Obwohl er den Name des Geräts jetzt kannte, hatte er nur ein paarmal versucht, Rad zu fahren, während die Tischlerin anderswo war. Jetzt aber rannte sie aus der Küche, und er musste direkt auf die Straße fahren, um ihr zu entkommen. Es ging wackelig, aber immer schneller den Hügel hinab, während er versuchte, den vorbeisausenden Autos auszuweichen. Endlich erreichte er das Stadtzentrum und ging direkt zu der alten Kirche, wo er auf den alten Professor wartete.

Dieser kam am Abend, und der Junge erklärte ihm, was passiert war. Er ging mit dem Professor in sein Studierzimmer, und während sie eine Tasse Tee tranken und Gurkensandwiches aßen, diskutierten sie, wie sie die Kinder am besten retten könnten.

Der Professor fand die Ratten auf der Straße, die von dem Rattenfänger verzaubert worden waren, und er steckte sie in einen Sack. Dann fuhr er mit Erec in einem Auto, das „Taxi" hieß, zum Haus der gierigen Tischlerin. Eines der Kinder sah sie kommen und ließ sie in das Haus. Die beiden gingen in das kleine dunkle Wohnzimmer, wo der Rattenfänger vor der gierigen Tischlerin Klarinette üben musste. Der Professor ließ die Ratten aus dem Sack, und das Zimmer wurde von Ratten überlaufen. Die Tischlerin rannte erschrocken aus dem Zimmer, und die Kinder konnten entkommen. Der Rattenfänger aber kam nicht mit, da er immer noch in die Tischlerin verliebt war.

Als alle Kinder zurück in dem Zimmer des alten Professor waren, sagte er zu ihnen: „Ohne den Rattenfänger habt ihr den Zauber nicht, den ihr braucht, um heimzukommen. Ich will euch aber helfen. Ich las einst in einem alten Buch, dass eine verzauberte Insel im Cherwell-Fluss liegt, die man nur von dem Fluss aus erreichen kann. Nach einer Legende floh die schöne Prinzessin Frideswide auf einem Boot zu dieser Insel, um einem Prinzen zu entkommen, der sie heiraten wollte. Sie wollte nämlich eine Nonne werden, obwohl ihr Vater die Heirat wollte. Als der Prinz sich der Insel näherte, sang die keusche Prinzessin eine Hymne zu Gott mit ihrer Harfe und verschwand plötzlich in die Erde. Der Prinz musste abreisen; Frideswide wurde Nonne und dann nach ihrem Tod heilig gesprochen. Ich habe euch in ebenjener

Kirche getroffen, die ihr gewidmet ist. Vielleicht könnt auch ihr den Zauber der Insel benutzen, um zurück in euer Land zu kommen."

Die Kinder hatten keine anderen Ideen, und deshalb gingen sie mit dem Professor zum College, wo sie am ersten Tage aus dem Weinkeller herausgekommen waren. Der Professor bat den rotwangigen Mann, den er einen „Pförtner" nannte, um ein paar flache hölzerne Boote, die „Punts" hießen.

Es war ein warmer Sommerabend, und kurz vor dem Sonnenuntergang erreichte die Flotille von Kindern die kleine Insel. Sie stiegen aus und bald standen alle auf der Insel. Der Professor schlug vor, dass sie etwas singen sollten, um den Zauber der Insel zu wecken. Die Kinder versuchten allerlei altdeutsche Hymnen, und auch der Professor sang mit.

Nach einer Stunde war immer noch nichts passiert, und alle waren bereit, die Insel zu verlassen, als sie mit einem Mal hörten, wie sich ein anderes Boot der Insel näherte. Auf dem Boot stand der Rattenfänger, der seine Klarinette so schön spielte, dass sich plötzlich eine Höhle im Zentrum der Insel öffnete, die gerade groß genug für einen Mann war.

Als er die Insel erreichte, erklärte der Rattenfänger, dass er die gierige Tischlerin endlich verlassen habe und danach versucht habe, den Professor zu finden. Ein Pförtner habe ihm gesagt, dass der Professor und die Kinder die hölzernen Boote genommen hätten, und der Rattenfänger habe stundenlang nach ihnen gesucht, bis er die Klänge ihrer Musik gehört habe.

Die Kinder und der Rattenfänger dankten dem Professor herzlich, stiegen in die Höhle und gingen zurück in Richtung Hameln. Der Professor ging zurück in sein Studierzimmer, um eine Tasse Tee zu trinken. Er dachte an die gierige Tischlerin, die von jetzt ab ein Leben ohne Musik in einem Haus voller Ratten führen musste, und er lächelte.

Als die Kinder nach Hameln zurückkamen, wurden die Familien wiedervereinigt, und der gute Rattenfänger wurde Stadtmusiker von Hameln.

Und was Erec angeht? Er wurde am Ende zum Bürgermeister ernannt, aber bis dahin verbrachte er die Zeit mit seinen Freunden auf dem Fahrrad, das er mitgebracht hatte; und wenn sie nicht gestorben sind, dann leben sie noch heute.

Meine Freunde, die Sterne

ESTEFANÍA GORDILLO, ECUADOR

Sie wanderten und wanderten durch unterirdische Gänge, bis sie in verschiedenen Richtungen Ausgänge sahen.
„Welche Richtung nehmen wir?", fragten die besorgten Kinder.
„Gehen wir nach Norden!", sagte der Älteste.
„Mein Vater hat immer gesagt, das wäre von allen Möglichkeiten die beste."
Aber Tommy, der Kleinste, sah am Ende eines der Ausgänge ein seltsames Wesen, das er nicht kannte.

„So etwas habe ich ja noch nie gesehen!", dachte er, und ohne dass die Gruppe es merkte, rannte er in die Richtung dieses fremdartigen Tieres.

Hinauf und hinauf durch einen Tunnel lief Tommy, bis er endlich durch ein Loch am Gipfel eines Berges kroch. Jetzt konnte er das ungewöhnliche Tier aus der Nähe sehen. Es war sehr groß, aber sein roter Kopf war klein. Es hatte schwarze und lange Flügel, und weiße Federn an seinem Hals. Als das Tier Tommy erblickte, stieß es einen lauten Schrei aus. Tommy wollte zurückweichen, aber er stieß mit seinem Schuh versehentlich einen großen Stein um, stürzte, und rollte den großen Berg hinunter.

Die Quitu-Cara, das Volk, das am Fuße des Berges wohnte, liefen sofort aus ihren Häusern, weil der Condor, das seltsame Wesen, sonst nie einen Laut von sich gab.

Sie näherten sich dem Ort, von dem der Schrei des Vogels gekommen war und sahen ein merkwürdiges Objekt, das vom Berg herunter fiel.

„Was ist das?", fragten die Quitu-Cara, als Tommy bei ihnen ankam.

Tommy konnte ihre Sprache nicht verstehen, aber er versuchte dennoch, sich zu erklären. „Ich kroch durch dieses Loch, weil ich ein wunderbares Tier sehen wollte", und als Tommy mit seinem Finger auf den Gipfel des Berges zeigte, entlud sich ein unerwarteter Platzregen. Der starke Regen wusch die Erde, mit der Tommy wegen des Fallens über und über bedeckt war, ab, und offenbarte die Farben seines Haares, seiner Augen und seiner Haut.

„Unglaublich!", staunten die Quitu-Cara, weil sie noch nie in ihrem Leben einen solchen Menschen gesehen hatten.

Niemand wagte, etwas zu tun, aber Mamaqhawa, die Frau eines Kazikes[1] des Volkes, sagte, während sie Tommys fremdartiges Aussehen bewunderte: „Weiß wie der Schnee, der auf dem Chimborazo und dem Tungurahua liegt; goldene Haare wie die Sonnenstrahlen, die so nur auf den höchsten Vulkan[2] in unserem Land scheinen; grüne Augen wie die Smaragde, die in dem Fluss nah dem Berg liegen, und er kam aus der Spitze dieses Berges!"

„Er ist der Sohn der Vulkane Chimborazo und Tungurahua!", staunten die Bewohner, und sie bestanden darauf, dass ihr König den neuen Gott kennen lernen sollte.

Der Kazike Aki und seine Frau Mamaqhawa reichten Tommy die Hände, und sie gingen zu ihrem König, um ihm alles zu erklären.

„Mächtiger Shyri[3]", sagte Aki, „dies ist das Kind des Gottes Chimborazo und der Göttin Tungurahua."

„Unmöglich!", rief der König. „Die Sonne und der Mond hätten ihn ankommen sehen."

---

1 Häuptling eines Eingeborenenstammes
2 Der höchste Vulkan Ecuadors ist der Chimborazo.
3 Der Begriff „Shyri" bezeichnet den Anführer eines Volkes auf Quichua, der wichtigsten Eingeborenensprache Ecuadors.

„Er kam aus dem Gipfel eines Berges, mein König. Woher, wenn nicht aus einem Krater, konnte das Kind dieser Vulkane kommen? Außerdem hat der Condor seine Ankunft angekündigt. Dieses Tier ruft sonst nie!", erklärte Mamaqhawa.

„Wenn er ein wahrer Gott wäre, müsste er Macht haben.", sagte der Shyri.

Mamaqhawa erzählte dem König, dass es aus heiterem Himmel begonnen hatte zu regnen, als Tommy gesprochen und zum Himmel gezeigt hatte.

Der Shyri sah Tommy mit Erstaunen an, und wegen dessen Ähnlichkeit mit den Göttern kündigte er an: „Mein liebes Volk! Seit dem Kampf der Vulkane Cotopaxi gegen Chimborazo um die Liebe des weiblichen Vulkans Tungurahua haben wir viele Verluste erlitten. Aber das Opfer an die Götter versprach uns Früchte. Betrachten wir den Sohn von Taita[4] Chimborazo und Mama[5] Tungurahua! Ein Gott mit den Eigenschaften dieser Götter und der Gabe, es regnen zu lassen. Deshalb, verkünde ich euch mit großer Freude die Ankunft der Guaga[6] Pichincha[7]!"

Die Quitu-Cara fassten Mut und freuten sich, weil dieser neue Gott den Schutz ihres Landes verhieß.

Tommy teilte die Freude mit dem ganzen Volk, obwohl er nicht wusste, dass er selbst die Menschen so froh machte. Sogar als sich alle vor ihm bis zum Boden verneigten, machte es Tommy genauso, weil er dachte, dass es eine Art Ritual wäre.

Eines der Mädchen in der Menschenmasse hob seinen kleinen Kopf und sah, dass auch Tommy sich tief verneigte. Das Mädchen lachte und lachte, und die anderen Kinder lachten mit. Tommy hob seinen Blick und bemerkte, dass die Kinder seinetwegen lachten. Das Lachen erinnerte ihn unwillkürlich an seine Freunde zu Hause, die, immer wenn er Pantomimen machte, in brüllendes Gelächter ausbrachen.

Überzeugt, dass er die Erwachsenen auch zum Lachen bringen könnte, stand Tommy auf und begann einen seiner Auftritte. Er spielte einen Mimen, der in einer Kiste eingeschlossen war und nach vielen Versuchen, sich zu befreien, lehnte er sich auf eine Seite der imaginären Kiste, ohne zu bemerken, dass diese sich öffnete,

---

4 „Vater" auf Quichua

5 „Mutter" auf Quichua

6 „Kind" auf Quichua

7 Name auf Quichua, der bedeutet „Der Gütige, der Regen bringt"

und fiel hin. Die Kinder lachten jetzt noch lauter, was ihre Eltern störte, und dazu brachte, auch ihre Köpfe zu heben. Als sie sahen, was Tommy tat, konnten sie nicht weg sehen. Da lachte selbst der Shyri aus vollem Hals. Der König der Quitu-Cara hat nicht so gelacht, seit damals seine kleine Enkelin die Bänder seiner Schuhe miteinander verknüpft hatte.

So gewann Tommy die Sympathie und Freundschaft der Quitu-Cara. Der Shyri gab ein Bankett zu Ehren Tommys, nicht nur wegen der Ankunft des Guagua Pichincha, sondern auch, weil sein Volk endlich wieder lachte, nach all den schwierigen Zeiten, durch die es wegen der Kämpfe der Vulkane gegangen war.

Ein neuer Tag begann, und Tommy wachte sehr früh auf. Er war sehr aufgeregt und wollte sofort seine neuen Freunde treffen! Als alle versammelt waren, nahmen die einheimischen Kinder Tommy mit, um ihm ihr Heimatland zu zeigen.

Zuerst gingen sie zum Sonnentempel. Er war quadratisch und in seinem Inneren befanden sich prächtige, goldene Figuren. Dann gingen sie zum Mondtempel, der kreisförmig war und Abbilder aus Silber von Mond und Sternen auf blauem Grund zeigte, die das Licht des Mondes reflektierten.

Danach kletterten sie auf einen der Berge der Anden, auf dem ein Mädchen der Gruppe in verschiedene Richtungen zeigte und fremdklingende Namen nannte: „Pululahua, Imbabura, Chacana, Antisana, Huañuña, Cotopaxi, Tungurahua, Sangay, Chimborazo, Puñalica, Quilotoa, Illiniza Sur, Atacazo, Guagua Pichincha", sagte das Mädchen, und als es den letzten Namen genannt hatte, knieten sie und die anderen Kinder noch einmal vor Tommy nieder. Diese Namen gehörten zu den gewaltigen Bergen, die das Stammesgebiet der Quitu-Cara begrenzten.

Mit einem Mal war Tommy alles klar. „Diese Berge sind die Götter meiner Freunde und ihres Volkes!", dachte er, „... das heißt, dass sie glauben, dass ich ein Gott bin! Das erklärt die befremdlichen Blicke auf meine Haut, meine Haare und meine Augen!" Er freute sich sehr, als er sich vorstellte, wie viele Süßigkeiten und andere Geschenke er von diesem Volk bekommen würde. Aber als er sah, wie sich seine Freunde wieder verbeugten, erkannte Tommy, dass dies nicht gerecht war. Sie waren Kinder, so wie er. Kinder, mit denen er spielte, lachte und sich mitteilte, so wie er es mit seinen Freunden zu Hause tat. Es war nicht gut, seine Freunde in dem Glauben zu lassen, er sei ein Gott, und er sei ein besserer Mensch als sie, nur weil er anders aussah.

Deswegen bat er seine Freunde, aufzustehen und sagte ihnen, dass er kein Gott war. „Ich bin ein Kind, genauso wie ihr, gleich wie ihr: ich habe Augen, eine Nase ...", die er rümpfte und in beide Richtungen bewegte, was seine Freunde wieder lustig fanden, „... einen Mund, zwei Ohren, Arme, Hände, Beine und Füße, so wie ihr. Die Farbe unserer Haut, Haare und Augen ist völlig unwichtig, weil wir gleich sind, und so müssen wir uns gegenseitig behandeln."

Die einheimischen Kinder verstanden diese Aussage wegen der unbekannten Sprache nur teilweise. Deshalb überlegte Tommy, wie sie ihn besser verstehen könnten. Das Volk nannte sowohl ihn als auch den Berg, aus dem er kam, Guagua Pichincha. Tommy dachte, dass es gut wäre, auch den anderen Kindern Götternamen zu geben. So begriffen die Kinder, was Tommy sagen wollte. Alle waren gleich.

Bei Anbruch der Nacht verabschiedete sich Tommy von seinen Freunden und ging zum Haus des Kazikes, wo er jetzt wohnte. Mamaqhawa war nicht da, weil sie zum Mondtempel gegangen war, um zu beten, dass Tommy bei ihr bliebe, aber der Mond hatte andere Pläne für ihn.

Am nächsten Tag kam eine Gruppe von Kindern ins Dorf, die die gleichen Eigenschaften wie Tommy hatten. Die Quitu-Cara waren sehr erstaunt und informierten sofort ihren König, während eines der Kinder fortlief, um Tommy zu holen.

Tommy sah seine Freunde wieder, die er unter der Erde aus den Augen verloren hatte. „Meine Freunde!", rief Tommy, während alle ihn umarmten und zusammen lachten.

„Wo warst du?!", fragte der Älteste, „wir haben dich die ganze Zeit gesucht!"

„Aber wie habt ihr mich gefunden?", fragte Tommy.

„Als wir den Ausgang nach Norden nahmen, zählte ich alle Kinder und so merkte ich, dass du nicht da warst. Deshalb gingen wir zurück und suchten dich bei allen Ausgängen, aber wir hatten kein Glück, bis wir den Ausgang nach Süden nahmen und hier sind wir! Ich freue mich, dass es dir gut geht!", sagte der Älteste.

„Mir geht es wunderbar!", sagte Tommy, „du kannst dir nicht vorstellen, was für ein wunderbares Land dies ist! Die Leute sind sehr nett und ich habe viele Freunde gefunden!" Tommy stellte die Gruppe den neuen Freunden vor und führte sie zum Haus des Kazikes, wo er und Mamaqhawa ihnen ein prächtiges Frühstück anboten.

Während des Essens erzählte Tommy, was am Vortag passiert war.

„Deine Eltern werden sicher stolz auf dich sein!", sagte der Älteste. „Ich gehe jede Wette ein, dass sie dich sehr vermissen."

In diesem Moment erinnerte sich Tommy an seine Heimat und bemerkte, dass er bis jetzt nicht an sie oder an seine Eltern gedacht hatte. Er mochte diesen neuen Ort und die freundlichen Leute, aber jetzt vermisste er seine Eltern sehr.

Seine Freunde wollten bereits in dieser Nacht zurückgehen, und obwohl Tommy seine neue Heimat sehr gern hatte, wusste er, dass seine Eltern sehr besorgt um ihn waren, denn sie hatten Hameln schon vor vielen Tagen verlassen.

„Ich muss mit meinen Freunden nach Hause gehen", dachte er.

Als Tommy sich von den Quitu-Cara und dem Shyri verabschiedete, bedankte er sich für ihre Gastfreundschaft. Mamaqhawa und Aki umarmten ihn herzlich und gaben ihm genügend Essen für alle reisenden Kinder mit.

ESTEFANÍA GORDILLO, ECUADOR

Aber Tommy konnte seine neuen Freunde nirgends sehen. Er dachte, dass sie verärgert wären, weil er nicht bei ihnen bleiben konnte. Traurig ging Tommy mit seiner Gruppe zum Berg und sagte leise: „Auf Wiedersehen, meine Freunde."

Plötzlich, als sie auf dem Berggipfel angekommen waren, hörte Tommy einen lauten Schrei, der nachhallte.

„Guagua Pichincha!", schrien viele Stimmen gleichzeitig.

Erstaunt sah Tommy in die Richtung, aus der der Schrei gekommen war und erkannte seine Freunde in der Ferne.

Je ein Kind stand auf dem Gipfel eines der dreizehn Berge, nach denen er sie benannt hatte. Unvermittelt brachen alle Berge nacheinander aus. Sterne aus Silber kamen aus jeder Spitze und hafteten am Nachthimmel.

Tommy konnte es nicht glauben. Er bemerkte, dass dies keine Berge waren, wie er gedacht hatte, sondern Vulkane! Er sah, dass die Sterne, die aus den Kratern kamen, genauso wie jene im Mondtempel aussahen. Seine Freunde waren nicht verärgert. Sie dachten daran, dass ihre Freundschaft für immer Bestand haben würde.

Daher hatten sie die Sterne durch die Vulkane zum Himmel geschickt, damit, wo immer Tommy auch wäre, er seine Freunde immer würde sehen können.

Die Autorinnen und Autoren

1 / Akouavi Mathilde Adjahe

geboren am 14.3.1990 / studiert im 3. Jahr Germanistik an der Université d'Abomey-Calavi in Cotonou, Benin / wird unterrichtet von der DAAD-Lektorin Berit Stoppa

2 / Dragana Blagojević

geboren am 20.4.1991 / studiert im 3. Jahr Germanistik an der Universität Banja Luka in Bosnien-Herzegowina / wird unterrichtet vom DAAD-Lektor Frank Riedel

3 / Alexia Busser

geboren am 30.7.1992 / studiert im 2. Jahr Angewandte Fremdsprachen an der Université de Lorraine (Nancy 2), Frankreich / wird unterrichtet von der DAAD-Lektorin Jennifer Gronau

4 / António Conduto Oliveira

geboren am 17.7.1991 / studiert im 2. Jahr Moderne Sprachen an der Universität Coimbra, Portugal / wird unterrichtet von der DAAD-Lektorin Barbara Bichler

5 / Yimin Fei

geboren am 9.3.1991 / studiert im 4. Jahr Germanistik an der Tongji Universität in Shanghai, China / wird unterrichtet von der DAAD-Lektorin Dr. Kerstin Salewski-Teßmann

6 / Estefanía Gordillo

geboren am 16.10.1989 / studiert an der Pontificia Universidad Católica del Ecuador in Quito, Ecuador / wird unterrichtet von der DAAD-Lektorin Indira Suresh

DIE AUTORINNEN UND AUTOREN

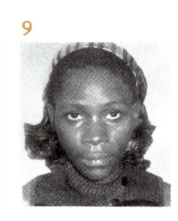

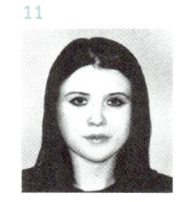

7 / Árný Stella Gunnarsdóttir

geboren am 9.10.1991 / studiert im 2. Jahr Germanistik an der Universität Reykjavík, Island / wird unterrichtet von der DAAD-Lektorin Jessica Guse

8 / Sasha Habjouqa

geboren am 8.2.1990 / studiert im 1. Jahr Deutsch als Fremdsprache an der German Jordanian University in Madaba, Jordanien / wird unterrichtet von der DAAD-Lektorin Dr. Anja Ucharim

9 / Sandra Kabajwisa

geboren am 14.8.1992 / studiert im 1. Jahr Deutsch an der Makerere Universität in Kampala, Uganda / wird unterrichtet von der DAAD-Lektorin Dr. Mirjam Gille

10 / Olesia Kopotilova

geboren am 7.8.1991 / studiert im 3. Jahr Germanistik an der Osteuropäischen Nationalen Lesja-Ukrainka-Universität in Luzk, Ukraine / wird unterrichtet vom DAAD-Lektor Carsten Grunwaldt

11 / Ekaterina Lazarenkova

geboren am 22.1.1988 / studiert im 1. Masterjahr Deutsch an der Staatlichen Universität St. Petersburg, Russische Förderation / wird unterrichtet von der DAAD-Lektorin Esther Machhein

12 / Raquel Garcia D'Avila Menezes

geboren am 2.1.1990 / studiert im 3. Jahr Deutsch als Fremdsprache und Portugiesisch an der Universität Rio de Janeiro, Brasilien / wird unterrichtet von der DAAD-Lektorin Dr. Monica Heitz

13 / Thuy Ngan Vu

geboren am 24.11.1991 / studiert im 3. Jahr
Deutsch an der Universität Hanoi, Vietnam /
wird unterrichtet von der DAAD-Lektorin
Stefanie Vauteck

14 / Eric Samuel Nodjimgoto

geboren am 13.3.1990 / studiert im 5. Jahr
Germanistik an der Université de Yaoundé I,
Kamerun / wird unterrichtet von der DAAD-
Lektorin Katja Buchecker

15 / Sasha Ockenden

geboren am 22.3.1992 / studiert im 2. Jahr Moderne
Fremdsprachen an der University of Oxford,
Großbritannien / wird unterrichtet von den DAAD-
Lektoren Svenja Frank und Golo Schmidt

16 / Koffi Emile Odoubou

geboren am 22.5.1993 / studiert im 2. Jahr
Germanistik an der Universität von Lomé,
Togo / wird unterrichtet von der DAAD-
Lektorin Annik Brigitte Köhne

17 / Mariam Emely José Ramírez Lugo

geboren am 10.7.1990 / studiert im 5. Jahr Deutsch
an der Universidad Central de Venezuela in
Caracas, Venezuela / wird unterrichtet von der
DAAD-Lektorin Julia López

18 / Julija Sawitsch

geboren am 8.3.1994 / studiert im 2. Jahr Philologie
an der Staatlichen Universität in Polotsk, Belarus /
wird unterrichtet vom DAAD-Lektor Lars Jendreizik

DIE AUTORINNEN UND AUTOREN

19 / Noëmie Smith

geboren am 14.3.1994, / studiert im 1. Jahr Moderne Fremdsprachen an der University of Cambridge, Großbritannien / wird unterrichtet von der DAAD-Lektorin Maren Fuhst da Silva

20 / Madiyar Tarybai

geboren am 8.12.1994 / studiert im 1. Jahr Deutsch und Englisch an der Staatlichen Buketov-Universität in Karaganda, Kasachstan / wird unterrichtet von der DAAD-Lektorin Dr. Katharina Buck

21 / Thitirat Uraisin

geboren am 27.3.1994 / studiert im 2. Jahr Deutsch an der Chulalongkorn Universität in Bangkok, Thailand / wurde unterrichtet von der DAAD-Lektorin Dr. Ursula Jelkmann

22 / Andreas Wahlberg

geboren am 13.6.1987 / studiert im 2. Jahr Germanistik an der Universität Stockholm, Schweden / wird unterrichtet von der DAAD-Lektorin Dr. Irina Hron-Öberg

Patinnen und Paten der Preisträger

Der Deutsche Akademische Austauschdienst (DAAD) dankt den Patinnen und Paten, die den Aufenthalt Ihrer „Patenkinder" in Berlin mit einem namhaften Betrag unterstützen:

Dr. Hans-Joachim Althaus,
TestDaF-Institut Bochum
> Thitirat Uraisin, Thailand

Joachim von Arnim, Präsident des
Rotary Clubs Bonn-Kreuzberg
> Julija Sawitsch, Belarus

Univ.-Prof. em. Dr. Karl-Richard Bausch,
Ruhr-Universität Bochum, und
Dr. Betina Kern, Botschafterin a. D.
> Estefanía Gordillo, Ecuador

Dr. Ursula Brandis, Bonn
> Raquel Menezes, Brasilien

Univ.-Prof. Dr. Elke Brüggen
Priv. Doz. Dr. Ursula Geitner
Dr. Peter Glasner
Prof. Dr. Karina Kellermann
Univ.-Prof. Dr. Rainer Kolk
Priv. Doz. Dr. Hedwig Pompe
Univ.-Prof. Dr. Claudia Wich-Reif
Dr. Gabriele Wix
Institut für Germanistik, Vergleichende
Literatur- und Kulturwissenschaft der
Rheinischen Friedrich-Wilhelms-Universität
Bonn
> Madiyar Tarybai, Kasachstan

Christian und Dr. Martina Padberg, Bonn
> Sandra Kabajwisa, Uganda

PATINNEN UND PATEN DER PREISTRÄGER

Prof. em. Dr. Ulrike Rainer, Dartmouth College, Hanover, New Hampshire
> Dragana Blagojevic, Bosnien-Herzegowina
> Thuy Ngan Vu, Vietnam

Univ.-Prof. Dr. Reinhard Schmidt-Rost, Rheinische Friedrich-Wilhelms-Universität Bonn
> Koffi Emile Odoubou, Togo

Univ.-Prof. em. Dr. Hans-Georg Soeffner, Universität Konstanz, und Anette Soeffner
> Akouavi Mathilde Adjahe, Benin

Dr. Doris Walch-Paul, Bonn
> Olesia Kopotilova, Ukraine

Der Rattenfänger zu Hameln – die Stadtsage

Im Jahre 1284 ließ sich zu Hameln ein sonderbarer Mann sehen. Er trug einen Rock von vielfarbigem, buntem Tuch, weswegen er Bundting geheißen haben soll, und gab sich für einen Rattenfänger aus. Er versprach für einen bestimmten Lohn die Stadt von allen Ratten und Mäusen zu befreien. Die Bürger wurden mit ihm einig und sicherten ihm den verlangten Betrag zu. Der Rattenfänger zog demnach ein Pfeifchen aus der Tasche und begann eine eigenartige Weise zu pfeifen. Da kamen sogleich die Ratten und Mäuse aus allen Häusern hervorgekrochen und sammelten sich um ihn herum. Sobald der Fänger glaubte, es sei keine mehr zurückgeblieben, schritt er langsam zum Stadttor hinaus, und der ganze Haufe folgte ihm bis an die Weser. Dort schürzte der Mann seine Kleider, stieg in den Fluss, und alle Tiere sprangen hinter ihm drein und ertranken.

Nachdem die Bürger aber von ihrer Plage befreit waren, reute sie der versprochene Lohn, und sie verweigerten dem Mann die Auszahlung unter allerlei Ausflüchten, so dass er sich schließlich zornig und erbittert entfernte. Am 24. Juni, am Tage Johannis des Täufers, morgens früh um sieben Uhr erschien er wieder, diesmal in Gestalt eines Jägers, mit finsterem Blick, einen roten, wunderlichen Hut auf dem Kopf. Wortlos zog er seine Pfeife hervor und ließ sie in den Gassen hören. Und in aller Eile kamen diesmal nicht Ratten und Mäuse, sondern Kinder, Knaben und Mädchen, vom vierten Lebensjahr angefangen, in großer Zahl dahergelaufen. Darunter war auch die schon erwachsene Tochter des Bürgermeisters.

Der ganze Schwarm zog hinter dem Mann her, und er führte sie vor die Stadt zu einem Berg hinaus, wo er mit der ganzen Schar verschwand. Dies hatte ein Kindermädchen gesehen, das mit einem Kind auf dem Arm weit rückwärts nachgezogen war, dann aber umkehrte und die Kunde in die Stadt brachte. Die Eltern liefen sogleich haufenweise vor alle Tore und suchten jammernd ihre Kinder. Besonders die Mütter klagten und weinten herzzerreißend. Ungesäumt wurden Boten zu Wasser und zu Land an alle Orte umhergeschickt, die nachforschen sollten, ob man die Kinder oder auch nur einige von ihnen irgendwo gesehen habe; aber alles Suchen war leider vergeblich.

Hundertunddreißig Kinder gingen damals verloren. Zwei sollen sich, wie man erzählt, verspätet haben und zurückgekommen sein, wovon aber das eine blind, das andere taubstumm war. Das blinde konnte den Ort nicht zeigen, wo es sich aufgehalten hatte, wohl aber erzählen, wie sie dem Spielmann gefolgt waren, das taubstumme nur den Ort weisen, da es nichts gehört hatte und auch nicht sprechen konnte.

Ein kleiner Knabe war im Hemd mitgelaufen und nach einiger Zeit umgekehrt, um seinen Rock zu holen, wodurch er dem Unglück entgangen war; denn als er zurückkam, waren die andern schon in der Senkung eines Hügels verschwunden.

Die Straße, auf der die Kinder zum Tor hinausgezogen waren, hieß später die bungelose (trommeltonlose, stille), weil kein Tanz darin abgehalten und kein Saitenspiel gerührt werden durfte. Ja, wenn eine Braut mit Musik zur Kirche geführt wurde, mussten die Spielleute in dieser Gasse ihr Spiel unterbrechen. Der Berg bei Hameln, wo die Kinder verschwanden, heißt der Poppenberg. Dort sind links und rechts zwei Steine in Kreuzform zur Erinnerung an dies traurige und seltsame Ereignis errichtet.

Die Bürger von Hameln haben diese Begebenheit in ihrem Stadtbuch verzeichnen lassen. Im Jahre 1572 ließ der Bürgermeister die Geschichte auf den Kirchenfenstern abbilden.

Quelle: http://gutenberg.spiegel.de/buch/50/10